JAUME I
I EL REGNE DE MÚRCIA

JOSEP-DAVID GARRIDO I VALLS

JAUME I
I EL REGNE DE MÚRCIA

Col·lecció Bofarull, 3

RAFAEL DALMAU, Editor

Rafael Dalmau, Editor
c/. del Pi 13, 1r 1a
Primera edició: novembre, 1997
Primera reimpressió: novembre de 2006

I.S.B.N.: 84-232-0517-7
Dipòsit Legal: B-45962-2006

Coberta: Quim Milla. Fotografia: © Aisa.
Cartografia: José A. Maldonado Moreno
Compaginat per: Rafael Sospedra i Roca
Imprès a: Printer Industria Gráfica

PRÒLEG

No és fàcil, de vegades, remar contra corrent i menys per a un historiador jove. Contra corrent, però dins d'una certa mesura, ja que Josep-David Garrido i Valls intenta —amb encert— retornar les aigües al seu curs normal; és a dir: que replanteja la conquesta catalana de Múrcia en un sentit ja esbossat per la historiografia moderna més perspicaç. L'autor situa bé la dita conquesta en els seus precedents immediats, afavorida per les lluites intestines dels grans o petits sobirans almohades i dels àrabs autòctons andalusins del sud peninsular. També s'expliquen els dos processos de conquesta castellana, amb el malestar consegüent dels antics pobladors musulmans. L'ajut del rei català, Jaume I, al seu gendre castellà, Alfons X «el Savi», hi és analitzat amb agudesa, després de rellegir —amb ulls crítics— les cròniques catalanes de l'època; textos de vegades menystinguts per alguns historiadors recents, massa preocupats per la documentació arxivística i literària castellana.

És possible, fins i tot, que el llibre porti polèmica; però això és bo: senyal que té interès l'aportació de Garrido. Ningú, en cap cas, el podrà blasmar per l'intent de narrar els esdeveniments tot fent parlar les cròniques i de concordar-les quan les de Jaume I, de Desclot, de Muntaner i els *Gesta Comitum* no coincideixen plenament. És així com Garrido intenta reconduir els fets sovint tergiversats per algú que, al seu torn, pretenia infravalorar l'empresa catalana de reconquesta.

Suposo que tots els millors historiadors aragonesos i castellans estaran d'acord amb la interpretació de Garrido i Valls sobre qui eren els guerrers de Jaume I, com s'anomenaven i quin esperit els movia. El fet que el rei català fos el sobirà d'Aragó i que ja era rei de Mallorca i de València, no justificaria l'atribuir el protagonisme de la conquesta als «aragonesos», ja que el nom no fa la cosa, com diuen en la nostra llengua, i és de filosofia tan pura com popular. Amb la negativa, doncs, dels nobles aragonesos a participar-hi s'esfumava qualsevol legitimació de donar llur nom a la gesta militar dels reis catalans: Jaume I és ben explícit en fer-ne una empresa de Catalunya, «el mellor regne» de la península (*Llibre dels Fets*, c. 392).

Se m'acut una altra consideració: una guerra a la península en aquells temps només es justificaria com a conquesta religiosa, tant si es veia des de la banda cristiana com de la islàmica. Aquesta conclusió, que als nostres ulls postmoderns —tan carregats de cinisme— podria semblar escandalosa, s'ha de matisar amb l'afegitó d'una gran dosi d'altruisme per part de Jaume I, factor que no podem oblidar els historiadors actuals, encara que no estiguem acostumats a veure'l en els nostres governants d'avui dia. Tan altruista que s'embrancà en una guerra per a retornar un regne al seu gendre, el rei de Castella; generositat que no fou pràcticament compartida pel marit de la seva filla, per molt savi que fos.

Una de les característiques de la personalitat de Jaume I, com es demostra en aquestes pàgines, fou la tenacitat en les decisions, fins i tot contra el parer dels seus consellers, tant dels nobles com dels religiosos; personalitat, per altra banda, cordial i apassionada, amb odi i amor; amor que el feia gaudir amb les dames, objecte d'admiració i devoció com per la Mare de Déu, de record, o en tot cas respecte per a les seves mullers i de debilitat per a les seves amistançades.

No voldria cloure aquest pròleg sense felicitar l'autor i, tot desitjant que continuï la recerca, encoratjar els nostres compatriotes a estudiar encara amb més profunditat un dels sobirans que més han marcat la història de Catalunya.

ANSCARI M. MUNDÓ

INTRODUCCIÓ

Tradicionalment, el procés de conquesta de Xarq al-Andalus o Orient d'al-Andalus pels catalanoaragonesos, al voltant de llur actuació a València, ha estat caracteritzat per la polèmica atiada pel descabdellament polític de l'actual País Valencià,[1] que ha influït, malauradament, en la nostra historiografia moderna, la qual conscientment o inconscient, dóna prioritat a una o altra interpretació sobre l'actitud participativa dels estats membres de la Corona d'Aragó. Aquesta polèmica, encara que dissimulada, també s'escola en l'actual historiografia medieval murciana, encapçalada per Juan Torres Fontes, qui s'entesta en veure només aragonesos en les hosts conqueridores de Jaume I,[2] tot oblidant, àdhuc, el propi testimoni del rei català reflectit al seu *Llibre dels Fets*.

Malauradament, les afirmacions d'aragonesitat han estat usades tradicionalment per ocultar l'empeny de la nació catalana en

1. Aquesta polèmica ha estat extensament analitzada per E. BELENGUER, *Jaume I a través de la història*, València, 1984.
2. Aquesta opinió traspua en dos treballs concrets: *La reconquista de Murcia en 1266 por Jaime I de Aragón*, Múrcia, 1987; i, en col·laboració amb Ángel Luis MOLINA, *Murcia Castellana, Historia de la Región Murciana*, III, Múrcia, 1980, pp. 296-387.

lluita contra l'islam peninsular, i, d'aquesta manera, han constituït un oprobi tant per a catalans com per a aragonesos, car neguen el protagonisme històric dels primers i, alhora, condemnen l'Aragó al trist paper de simple apèndix de Castella, tal i com és concebut per la historiografia d'inspiració centralista i castellana. Des d'una concepció egocentrista i castellanista de l'Estat espanyol, no cal dir que resulta més útil afirmar que València i Múrcia foren conquerides per aragonesos, poble assimilat en l'actualitat per Castella, que no pas per catalans, poble que reivindica el seu fet diferencial tot i la incomprensió i la perenne acusació de separatisme per part de Madrid.

Altrament, malgrat els bons treballs d'Emilio Molina López sobre la Múrcia postalmohade,[3] poc sabem a hores d'ara sobre el món polític murcià que tingué enfront Jaume I. L'actitud revolucionària murciana de 1264 s'engloba dins dels paràmetres més amplis de la revolta mudèjar d'al-Andalus. Tanmateix, recordem que Múrcia gaudia d'un *status* de regne sotmès al si de la corona castellana, i que en els anys anteriors a la conquesta cristiana de 1243 rivalitzava amb els nassarites granadins pel control d'al-Andalus. Així, doncs, no s'ha de bandejar el recel murcià enfront de les pretensions d'Ibn al-Ahmar de Granada, que fou un dels mòbils del vassallatge d'Ibn Hûd Bahâ' ad-Dawla de Múrcia al rei de Castella.

Altra qüestió que ens preocupa és la tradicional visió de la història amb els ulls dels vencedors, visible a bastament en els medievalistes de tall clàssic, o sia, en aquells formats únicament sobre el coneixement de la història medieval «cristiana», que contrasta amb el desconeixement i la descurança que posen a l'ho-

3. E. MOLINA LÓPEZ, *Murcia y el Levante español en el siglo XIII (1224-1266) a través de la correspondencia oficial, personal y diplomática. Edición, estudio y valoración de los fragmentos históricos contenidos en el manuscrito árabe escurialense número 520*, tesi doctoral inèdita, Universitat de Granada, 1978. També cal citar el seu treball *Murcia en el marco histórico del segundo tercio del siglo XIII (1212-1258)*, *Historia de la Región Murciana*, III, pp. 188-263.

ra de tractar la realitat musulmana coetània. Per altra banda, al medievalista de formació arabista, li resulta força complex avaluar uns fets davant la manca i a vegades total absència de documentació àrab. És evident que les cròniques àrabs, com a elements propagandístics que en gran mesura eren, tracten d'obviar les derrotes i els esdeveniments malastrucs per al món islàmic. És per això que cal un coneixement d'aquest món per tal d'interpretar la lògica pròpia que fa servir per plantejar els fets històrics i, així, poder albirar alguna cosa sobre el descabdellament dels esdeveniments, que ens ha de menar a la reconstrucció de la història d'un dels moments més amargs per a l'islam occidental: la pèrdua de la major part d'al-Andalus.

Ultra això, aquest llibre, malgrat el títol, no està concebut tan sols com un estudi més a afegir al gran nombre d'obres dedicades a glossar les virtuts de la conquesta, de la gran tasca «cristianitzadora» d'un rei com Jaume I —la figura del qual encara avui és admirable, tant pel seu tarannà d'home d'estat del seu temps com per la seva vitalitat històrica, que arriba fins als nostres dies—, sinó com una anàlisi del darrer intent dels andalusins murcians, la postrema esperança de Xarq al-Andalus, de reeixir davant les dificultats i evitar la desaparició de llur món.

Juan Torres Fontes ja estudià l'acció de Jaume I sobre terres murcianes, en un treball amb un marcat to castellanoaragonesista.[4] No obstant això, el tema continua obert, entre altres coses perquè cal una anàlisi acurada de les fonts catalanes, que l'historiador murcià no realitzà. Per altra banda, no és sobrera una aproximació a la polèmica que generà l'actuació del comte-rei a Múrcia, tant pel que fa a les difícils relacions amb Castella, tot i l'aparent amistat, com pel que fa a la manera d'actuar devers els sarraïns; car, com tractarem de demostrar, Jaume I sempre preferí de negociar amb les autoritats civils musulmanes, més proclius a la consecució d'acords, que tractar amb el poder militar musulmà, que en aquest cas era representant del sobirà granadí.

4. Vegeu nota 2.

El rei Jaume desestimà el parer dels barons i cavallers del seu exèrcit, partidaris de barrejar la terra conquerida.

Sistema de transcripció dels mots àrabs

Per a la trascripció dels mots d'origen àrab hem utilitzat el sistema de transcripció acordat per l'Institut d'Estudis Catalans en sessió de 21 de desembre del 1989. Tanmateix, per dificultats tipogràfiques farem servir la transcripció simplificada, adreçada a obres de divulgació on hom tracta de reproduir els sons àrabs amb els grafemes habituals en català, tot evitant els signes diacrítics més inusuals, amb elements de la transcripció fonemàtica i literal que creiem no podem prescindir-ne, com és el cas de la transcripció de les lletres *alif* amb *hamza* i *ᶜayn*.

La taula d'equivalències de les lletres àrabs usada és la següent:

' *alif*: Amb valor tan sols ortogràfic, serveix de suport a les vocals *a (fatha)*, *i (kasra)*, *u (damna)*. Recordem que l'àrab és una llengua semítica que no escriu les vocals. No obstant això, no el transcriurem a començament de paraula.
b *bâ'*: Bilabial oclusiva sonora; és el so de la *b* catalana.
t *tâ'*: Dental oclusiva sorda; és el so de la *t* catalana.
th *thâ'*: Interdental fricativa sorda; és el so de la *z* castellana en mots com *raza*, de la *th* anglesa en mots com *third*.
j *jîm*: Prepalatal africada sonora; és el so de la *tg* catalana en mots com *metge*, de *gi* italiana en mots com *giovane*.
h *hâ'*: Fricativa faríngia sorda emfàtica.
kh *khâ'*: Postvelar fricativa sorda; és la *j* castellana en mots com *pájaro*.
d *dâl*: Postdental oclusiva sonora; és semblant a la *d* catalana en mots com *randa*.
dh *dhâl*: Interdental fricativa sonora; és el so de la *th* anglesa en mots com *this*.

r	*râ'*: Alveolar vibrant sonora simple; és la *r* catalana en mots com *mare*.
z	*zâyn*: Dentoalveolar fricativa sonora; és el so de la *z* i *s* catalanes en mots com *zero* i *casa*.
s	*sîn*: Dentoalveolar fricativa sorda; és el so de la *ss* i *ç* catalanes en mots com *tossal* i *caça*.
x	*xîn*: Prepalatal fricativa sorda; és la *x* catalana en mots com *reixa*.
s	*sâd*: Dentoalveolar fricativa sorda emfàtica.
d	*dâd*: Dental oclusiva sonora emfàtica.
t	*tâ'*: Dental oclusiva sorda emfàtica.
dh	*dhâ'*: Interdental fricativa sonora emfàtica.
^{c}	^{c}*ayn*: Constreta laríngia sonora.
gh	*ghayn* : Postvelar fricativa sonora; és semblant a la *r* francesa de *poire*, tot i que cal indicar que en el dialecte àrab d'al-Andalus és pronunciava com la *g* catalana de *gat*.
f	*fâ'*: Labiodental fricativa sorda; és la *f* catalana.
q	*qâf*: Postvelar oclusiva sorda emfàtica.
k	*kâf*: Velar oclusiva sorda; és el so de la *c* catalana davant *a*, *o* i *u*.
l	*lâm*: Alveolar lateral sonora; és el so de la *l* catalana en mots com *lesiu*.
m	*mîm*: Bilabial nasal sonora; és el so de la *m* catalana
n	*nûn*: Alveolar nasal sonora; és el so de la *n* catalana.
h	*hâ'*: Fricativa laríngia sonora.
w	*wâw*: Bilabiovelar semivocal.
y	*yâ'*: Prepalatal semivocal.

Les vocals llargues han estat indicades de la següent manera: *â*, *î*, *û*. Pel que fa a la representació de l'*alif maqsûra*, es transcriurà amb un accent greu sobre la *a*, o sia *à*. Quant als plurals dels mots (substantius i adjectius fonamentalment) acabats en *í*, seguirem les indicacions de l'I.E.C., que considera com a solució més raonable a la qüestió tendir a regularitzar aquesta terminació (amb les flexions catalanes corresponents de gènere i nombre) en els mots implicats, bastant nombrosos en català, a causa de l'encreuament amb el sufix llatí *-inu.* Tot i això, en el cas d'alguns mots com *valí*, introduïts en el català i amb una llarga tradició, utilitzarem els plurals que proposa el *Diccionari de la Llengua Catalana* de l'I.E.C.

I.
ELS DARRERS ANYS DE LA DOMINACIÓ ISLÀMICA SOBRE MÚRCIA

La decadència almohade i el regne de Múrcia

El 16 de juliol del 1212, l'exèrcit almohade del califa Abû ᶜAbd Al·lâh Muhammad an-Nâsir (el Miramolí o Miramamoní de les cròniques catalanes)[5] és completament desfet a Las Navas de Tolosa (prop d'Úbeda) per les hosts cristianes coalitzades dels reis de Castella, Catalunya-Aragó i Navarra, que comptaven també amb la col·laboració de cavallers de la resta de l'occident cristià.[6] Aquest esdeveniment coincidí amb el desenvolupament de la quarta croada. Aquell jorn de l'estiu del 1212 fou definitivament abatuda la supremacia de l'islam dins al-Andalus i quedà decidida la integració de la Península Ibèrica en el món

5. Bernat DESCLOT, *Crònica*, c. 5. Hem utilitzat les edicions de Miquel Coll i Alentorn, Els Nostres Clàssics, ed. Barcino, Barcelona, 1949-1951, 5 vols.; i l'edició de F. Soldevila a *Les Quatre Grans Cròniques*, Barcelona, 1983.
6. A. HUICI MIRANDA, *Las grandes batallas de la Reconquista durante las invasiones africanas (almorávides, almohades y benimerines)*, Tetuan, 1956, pp. 217-327.

europeu occidental. Aviat, tant per la descomposició de la seva estructura interna com per la pressió a què es veia sotmès pels regnes cristians, àvids de conquestes, començarà el desmembrament de l'Imperi almohade, sobretot el seu domini sobre al-Andalus.[7]

Els almohades, com tampoc anteriorment els almoràvits, no reeixiren a fusionar els hispanoàrabs amb els nord-africans en una unitat religiosa i política; més aviat tant els uns com els altres foren considerats com a estrangers per la pràctica totalitat de la població autòctona d'al-Andalus. Tanmateix, a l'inici es presentaren com a alliberadors; els almoràvits enfront dels corruptes petits estats de taifes, i els almohades contra la decadència dels almoràvits. Per això, tot just començà a esquerdar-se el poder dels senyors de Marràqueix, s'inicià el procés de disgregació de llurs dominis; aleshores a al-Andalus s'originà una mena de tercera etapa de senyorius de taifa, fruit de les despulles de l'uniformitzador estat almohade.

El cabdill almohade derrotat a Las Navas de Tolosa, Muhammad an-Nâsir, morí l'any següent de la gran desfeta. El succeí el seu fill Abû Ya^{c}qûb Yûsuf II al-Mustansir (1213-1224). A la mort d'aquest, els xeics o *xuyukh* (plural de *xaykh*), grans senyors de Marràqueix, proclamen califa Abû Muhammad ^{c}Abd al-Wâhid al-Makhlû^{c} (el Destronat) —germà de Yûsuf II—, diumenge 13 de *dhû-l-hijja* del 620 (1 de gener del 1224). Contra aquesta decisió dels totpoderosos xeics marraqueixencs i creient-se amb millor dret, s'aixecà a Múrcia el *sayyid* Abû Muhammad ^{c}Abd Al·lâh ibn Abî Yûsuf, qui prengué el sobrenom d'al-^{c}Âdil (1224-1227). Els tres germans d'al-^{c}Âdil, que eren els governadors de Còrdova, Màlaga i Granada, així com gairebé la totalitat dels xeics d'al-Andalus reconegueren l'autoritat del capitost murcià.

Ens podem preguntar quina era la capacitat d'un governador diguem-ne de províncies per a fer trontollar, com de seguida veu-

7. M. SANCHIS GUARNER, *Època musulmana*, a *Història del País Valencià*, III, Edicions 62, Barcelona, 1988, p. 328.

rem, el poder almohade sobre al-Andalus. La resposta és ben senzilla si analitzem com s'estructurava el poder polític a l'imperi bastit per aquests nòmades nord-africans. El poder descansava de forma absoluta sobre el califa, descendent d'aquell berber pietós, Muhammad ibn Tûmart al-Mahdî, que el 1121, al front dels *muwahhidûn* o almohades, és a dir els «unitaris», inicià la insurrecció a Barbaria. Els càrrecs més importants i prestigiosos eren confiats a membres de la família califal, els quals rebien el títol de *sayyid*, o senyor, i els altres càrrecs eren exercits adés per guerrers nord-africans, adés per aristòcrates hispanoàrabs sotmesos, que rebien el títol de *xaykh* o xeic.

Quant a la divisió territorial, al-Andalus almohade estigué dividit en cinc governacions: Sevilla, Còrdova, Granada, Múrcia i València. Encara que l'Imperi almohade era unitari i molt centralitzat a Marràqueix, al-Andalus tingué un centre polític i cultural a Sevilla, mentre que Xarq al-Andalus gaudia d'una relativa autonomia.

Com quedarà demostrat al llarg de les pàgines que segueixen, la comprensió del període de decadència dels almohades és imprescindible per a poder comprendre la formació d'un poder polític independent a Múrcia, a l'igual que per a explicar-nos la feblesa d'aquest territori davant l'empeny militar dels castellans. La creixent inestabilitat de l'imperi provocarà la deposició d'al-Wâhid i l'adveniment del *sayyid* murcià rebel com a califa. Tot seguit començaria una sèrie de lluites intestines entre els caps almohades d'al-Andalus, que contribuiran encara més a la desestabilització del poder islàmic sobre la Península Ibèrica. El 1226, se sublevà a Còrdova ᶜAbd Al·lâh al-Bayâsî (el Baezà), qui, després de cercar una aliança amb els castellans, trobà la mort a mans dels propis súbdits. També Abû-l-ᶜAlâ' Idrîs ibn Yaᶜqûb, germà d'al-ᶜÂdil i governador de Sevilla, es revoltà, l'any 1227, i es proclamà califa amb el sobrenom d'al-Ma'mûn, i aviat rebé el suport d'Abû Zayd ᶜAbd ar-Rahmân, qui exercia el govern de València i s'havia mantingut sempre hostil a al-ᶜÂdil. Abû-l-ᶜAlâ' era fill del califa Abû Yûsuf i d'una filla del rei Llop de Múrcia i

València, Muhammad ibn Sa^c^d ibn Mardanîx. Les fonts ens el descriuen com un home instruït i valent.[8] Tanmateix, preparà una gran expedició per a intervenir a Marràqueix, provocant el desballestament de la ja precària organització militar d'al-Andalus.[9]

La revolta murciana contra els almohades

A tots els problemes de caire polític intern dels almohades a al-Andalus, hem d'afegir l'odi que els hispanomusulmans els professaven; aviat començarien revoltes generalitzades arreu del territori andalusí. De bell nou, Múrcia s'aixecava en armes i seria protagonista de primera línia en la revolta andalusí. Al juny del 1228, el castell de Ricote, a les rodalies de Múrcia, era el centre de la insurrecció d'un oficial de l'exèrcit regular indígena, Abû ^c^Abd Al·lâh Muhammad ibn Yûsuf ibn Hûd al-Judhâmî, qui, segons alguna genealogia que d'ell es conserva,[10] descendia del darrer rei de taifa de Saragossa, Ahmad al-Musta^c^în II, mort el 1110, el fill del qual, ^c^Imâd ad-Dawla, perdé la seva capital davant els almoràvits, i el seu nét fou el Zafadola que assolí efímerament el poder en el període de trànsit entre la decadència almoràvit i l'arribada dels almohades. Segons la *Primera Crónica General de España*: *«En esos días del rey don Fernando, leuantóse en el castiello Ricot, en término de Murçia, vn moro que dizien Abenhut»*.[11] Altrament, cal tenir en compte la possibilitat que

8. IBN SIMÂK, *Al-Hulal al-Mawsiyya*, a cura de S. Zakkâr i ^c^A. Zimâma, Casablanca, 1979, pp. 136-137.
9. IBN AL-KHATÎB, *Al-Ihâta fî akhbâr Gharnâta*, a cura de M.^c^A.A. ^c^Inân, vol. II, El Caire, 1974, p. 130.
10. Sobre aquest personatge, seguim el relat d'IBN AL-KHATÎB, *Al-Ihâta fî akhbâr Gharnâta*, pp. 128-129. Vegeu també el llibre de M.J. VIGUERA MOLINS, *Los reinos de taifas y las invasiones magrebíes*, Madrid, 1992, pp. 330-333.
11. *Primera Crónica General. Estoria de España*, editada per R. Menéndez Pidal amb un estudi actualitzat de Diego Catalán, 3 vols., Madrid, 1977, II, c. 1037.

fos un aventurer d'origen plebeu que, a més a més, gaudís de fama de soldat valent, sobretot arran de la presa als cristians del castell de Xanfîro, situat a quatre jornades a l'oest de Múrcia, el 614 de l'hègira (abril 1217-març 1218).[12] No obstant això, àdhuc la mateixa *Primera Crónica General* considera que és descendent dels Banû Hûd saragossans: «*Et era Abenhut del linaje de Abohayed, que fuera en su tiempo rey de Saragoça*».[13] Dos mesos després de l'aixecament a les muntanyes de Ricote, i comptant amb la col·laboració d'un cap de bandolers anomenat al-Ghuxtî, Ibn Hûd s'apoderà de Múrcia i es proclamà independent de Marràqueix el dia 1 de *ramadân* del 625 (5 d'agost del 1228). Per tal de legitimar-se des del punt de vista religiós, prengué els sobrenoms de *Mu*ᶜ*izz ad-Dîn* «Magnificador de la Religió» i d'*al-Mutawakkil* ᶜ*alà Al·lâh* «El qui confia els seus afers en Déu», a més del títol d'*Amîr al-Muslimîn* «Comanador dels Musulmans», aixecant l'estendard negre dels califes abbàssides de Bagdad contra el penó blanc dels almohades de Marràqueix. Encara que la submissió del murcià respecte a Bagdad no sortia del camp purament teòric, Ibn Hûd rebé, a més a més, el títol de *Sayf Amîr al-Mu*ᶜ*minîn* «Espasa del Comanador dels Creients».

Podem considerar aquest fet com la instauració d'un regne o estat independent murcià, amb vocació en un principi de sotmetre tot al-Andalus, però que fins i tot afirmava una dependència nominal a un poder exterior; això sí, un poder massa llunyà per a poder intervenir-hi. Ibn Hûd aconseguiria de sotmetre les principals ciutats d'al-Andalus, amb excepció de València i Niebla; en terres valencianes, seria reconegut pels valís d'Oriola, Dénia, Bairén, Xàtiva i Alzira. Semblava com si l'ideal d'un al-Andalus reunificat i independent pogués arribar a acomplir-se. Però, evidentment, aquest progressiu ascens d'Ibn Hûd i la seva política integracionista i unificadora no convenien als interessos de Fer-

12. AL-HIMYARÎ, *Kitâb ar-Rawd al-mi*ᶜ*târ*, a cura d'Évariste Lévi-Provençal, Leiden, 1938, pp. 192-193.

13. Vegeu nota 6.

ran III de Castella; i, el que és encara més significatiu, la llavor de la revolta havia germinat ja als cors dels musulmans andalusins, no ben disposats, la majoria, a sotmetre's a un poder centralitzat per a tot al-Andalus. Segons Torres Fontes, Ibn Hûd mancava de bones qualitats de governant, la qual cosa es traduïrà més endavant en un desassossec generalitzat germen de futures revoltes.[14] Sanchis Guarner, per la seva banda, pensa que aquest monarca andalusí era llest i comptava amb l'adhesió de l'estament popular, però fracassà estrepitosament en la defensa d'Extremadura contra les ofensives lleoneses i en la defensa de Còrdova contra els castellans.[15] Tot plegat determinaria la caiguda d'Ibn Hûd, en no poder evitar la sedició interior. Els andalusins, que d'antuvi li havien donat suport, ara se li rebel·laven amb fúria i ímpetu. El seu rival seria Muhammad ibn Yûsuf ibn Ahmad ibn Nasr, o Ibn al-Ahmar, d'ascendència siriana i fundador de la dinastia nassarita que després havia de governar a Granada. Aquest es rebel·là contra Ibn Hûd el 1232 a Arjona, estenent seguidament el seu domini a Jaén, Porcuna, Còrdova, Guadix, Baza i altres territoris; mentrestant, continuava la pressió castellana sobre les fronteres d'al-Andalus. Finalment, Ibn Hûd al-Mutawakkil ᶜalà Al·lâh morí assassinat, a Almeria, el 1238; la seva mort empitjorà encara més la caòtica situació políticomilitar d'al-Andalus.

A la mort d'Ibn Hûd, el succeí el seu fill Abû Bakr Muhammad ibn Muhammad ibn Yûsuf ibn Hûd, qui prengué el títol d'*al-Wâthiq bi-l·lâh al-Muᶜtasim bi-hi*. Fou un regnat efímer que tot just durà uns mesos. De més a més, per aquella època el seu poder estava considerablement reduït a un *hinterland* murcià sota la pressió catalanoaragonesa pel nord, castellana per l'oest i del granadí Ibn al-Ahmar pel sud. El 17 d'agost del 1238, al-Wâthiq és destituït i substituït per l'alfaquí Abû Bakr Azîz ibn ᶜAbd al-

14. J. Torres Fontes, *La reconquista de Murcia...*, p. 21.
15. M. Sanchis Guarner, *Època musulmana*, p. 335.

Mâlik ibn Sulaymân ibn Muhammad ibn Muhammad ibn Khattâb,[16] home de grans coneixements religiosos, literaris i científics, que havia estat governador de Múrcia durant els últims anys de regnat d'Ibn Hûd al-Mutawakkil ᶜalà Al·lâh, però mancat de l'energia per a reconduir la situació de crisi que patia Múrcia, la qual cosa provocà el seu destronament i assassinat l'abril del 1239, després de patir una severa derrota en mans dels cristians i veure com la plebs assaltava i barrejava el seu alcàsser.[17] Un cop desempallegats d'Ibn Khattâb, els caps militars murcians entronitzaren l'exrei de València Abû Jamîl Zayyân ibn Abî-l-Hamalât ibn Mudâfîᶜ ibn Yûsuf ibn Saᶜd ibn Mardanîx, el qual, necessitat d'ajut, reconegué la sobirania de l'emir hàfsida de Tunis, Abû Zakariyâ' Yahyà ibn ᶜAbd al-Wâhid, de qui rebria ajuda militar i econòmica.[18] En carta a l'emir hàfsida, Zayyân ibn Mardanîx reconeix el control sobre Múrcia i les viles següents: Chinchilla, Lorca, Cartagena, Molina, Elx i Alacant, on d'alguna manera queda representada l'extensió que posseïa el regne de Múrcia en aquests difícils anys. Però la sobirania de Zayyân no és reconeguda per alguns importants valís de la jurisdicció regnícola murciana: Lorca es revoltà sota el comandament de l'alfaquí ᶜAbd Al·lâh Muhammad ibn ᶜAlî ibn Ahlî; i a Oriola, cap a l'estiu o la tardor del 1239, és proclamada una mena de república oligàrquica, la *Wizâra ᶜIsâmiyya*, encapçalada per Abû Jaᶜfar ibn ᶜIsâm, que

16. L'estudi més complet sobre aquest personatge, el trobem a l'article d'E. MOLINA LÓPEZ, *ᶜAzîz b. Jattâb, destacada personalidad política, científica y literaria murciana del siglo XIII*, «Miscelánea Medieval Murciana», IV, Múrcia, 1978, pp. 63-78. Vegeu també, del mateix autor, *Marco histórico del segundo tercio del siglo XIII*, *Historia de la Región de Murcia*, III, pp. 213-222 i 230-231.

17. IBN AL-KHATÎB, *Kitâb Aᶜmâl al-Aᶜlâm*, a cura d'Évariste Lévi-Provençal, Beirut, 1956, pp. 274-275.

18. E. MOLINA LÓPEZ, *El gobierno de Zayyân b. Mardanîx en Murcia (1239-1241)*, «Miscelánea Medieval Murciana», VII, Múrcia, 1980, pp. 5-31.

té una continuació almenys fins a l'any 1250.[19] També Cartagena i Mula es negaren a acceptar l'autoritat de Zayyân. La imparable crisi política interior accelerarà la caiguda de Zayyân, qui és expulsat de Múrcia per un oncle de Muhammad ibn Hûd al-Mutawakkil ᶜalà Al·lâh, anomenat Muhammad ibn ᶜAlî ibn Hûd, que prengué el sobrenom de *Bahâ' ad-Dawla*. Zayyân es retirà a Alacant, on romangué fins a l'arribada de les hosts castellanes; mentrestant, el regne murcià continuava la seva irremissible decadència. La fi era pròxima.

L'originalitat del règim instaurat per ᶜAbû Jaᶜfar ibn ᶜIsâm a Oriola, a l'extrem sud de l'actual País Valencià, mereix que el tractem ací, sobretot com a exemple de l'alt grau de descomposició a què havia arribat l'estat andalusí murcià. ᶜAbû Jaᶜfar era un membre de reconegut prestigi de l'aristocràcia oriolana; els membres de la seva família venien ocupant successivament el govern de la ciutat.[20] Durant el regnat d'Ibn Hûd al-Mutawakkil ᶜalà Al·lâh havia exercit el càrrec de governador, fins a l'arribada de Zayyân ibn Mardanîx a Múrcia, moment en el qual s'erigeix en rais independent, tot creant una mena de «consell de ministres», segons la definició d'Emilio Molina López, o *Wizâra ᶜIsâmiyya*, sota la seva presidència.[21]

Oriola esdevindrà durant gairebé trenta anys una mena de sopluig polític, de caire romàntic, al bell mig d'un país en desintegració, com a epíleg d'una civilització que s'exhaureix. A Oriola hi acudiren intel·lectuals de tot al-Andalus en cerca de seguretat política. Personalitats com Ibn ᶜAmîra d'Alzira, Ibn al-Jannân,

19. Sobre la Wizâra ᶜIsamiyya, o visirat d'Isam, vegeu l'article d'E. MOLINA LÓPEZ, *La «Wizâra ᶜIsamiyya» de Orihuela*, «Anales del Colegio Universitario de Almería», II, Almeria, 1980, pp. 65-78; i de J.B. VILAR, *Historia de la ciudad de Orihuela,* II, Múrcia, 1976, pp. 182-184.

20. IBN AL-KHATÎB, *Kitâb Aᶜmâl al-Aᶜlâm*, pp. 258-259; IBN IDHÂRÎ, *Kitâb al-Bayân al-mugrib fî akhbâr wa-l-Magrib*, volum IV, edició d'«al-Matbâᶜa al-Hasaniya», Tetuan, 1956, p. 416.

21. E. MOLINA LÓPEZ, *Marco histórico del segundo tercio del siglo XIII*, p. 240.

Abû-l-Husayn ibn Mufawwaz, Abû Bakr ibn Muhriz, Muhammad i Abû Bakr ibn al-Murâbit, i així fins a enllestir una llista d'una vintena de famosos literats i poetes, es trobaran a Oriola tot constituint un dels cercles polítics i literaris capdavanters del segle XIII. Com a testimoni, encara romanen inèdites un centenar de composicions redactades en el més refinat estil prosístic, que Ibn al-Murâbit ens ha llegat a través del seu *Kitâb Zawâhir al-fikar wa-Jawâhir al-fiqar*, «Llibre del millor dels pensaments i les perles de les sentències».[22]

La *Wizâra ᶜIsâmiyya* mantingué relacions amistoses i literàries amb les corts d'Ifrîqiya i el Magrib, i també amb l'illa de Menorca, feudatària de Jaume I, i controlada per l'almoixerif Abû Uthmân Saᶜîd ibn Hakam de Tavira.[23] El cercle literari oriolà tributà nombrosos elogis poètics al governant mudèjar de Menorca i, fins i tot, algun dels seus membres estigué al seu servei, com Abû-l-Husayn ibn Mufawwaz, que exercí com a mestre tradicionalista explicant el *sahîh* de Bukhârî. Quan la decadència política de Xarq al-Andalus arribi als darrers límits i s'esgotin les possibilitats de deturar l'avanç de les armes castellanes i catalanoaragoneses, Menorca esdevindrà refugi dels xarq-andalusins que cercaven l'aixopluc del seu rais, Saᶜîd ibn Hakam.

En teoria el règim d'Abû Jaᶜfar d'Oriola conservà la independència fins al començament de l'any 1241, data aquesta en què Muhammad ibn Hûd Bahâ' ad-Dawla foragita de Múrcia Zayyân ibn Mardanîx, tot restablint la dinastia hudita. No obstant això,

22. Editat per E. Molina López a la seva tesi doctoral, inèdita; vegeu *Murcia y el Levante español en el siglo XIII (1224-1266) a través de la correspondencia oficial y diplomática*.

23. Sobre la cort literària de Saᶜîd de Menorca, vegeu els treballs: d'E. MOLINA LÓPEZ, *El gobierno de Menorca y sus relaciones con al-Andalus e Ifriqiya (El Kitâb lubâb al-albâb, una nueva fuente para la historia del occidente musulmán)*, «Revista de Menorca», LXXIII, Maó, 1982, pp. 5-88; i M.J. RUBIERA MATA, *La corte literaria de Saᶜîd de Menorca (s. XIII)*, «Revista de Menorca», LXXV, Maó, 1984, pp. 105-108.

el poder de l'estat murcià estava tan deteriorat que fou impossible restablir l'autoritat central. Així, doncs, Oriola mantingué una total autonomia sense gairebé interferències del poder central, almenys, fins a 1249-1250, data en què encara resten testimonis d'actes públics realitzats per la *Wizâra* oriolana, en època ja d'Abû-l-Hasan, fill d'Abû Ja^{c}far i successor d'aquest com a rais.

Avui dia encara continua essent un misteri la motivació que justificava l'actitud independentista dels oriolans enfront Zayyân ibn Mardanîx. Emilio Molina López creu que la independència oriolana responia a l'oposició de la classe política i intel·lectual de Xarq al-Andalus, partidària dels principis polítics i ideològics de la «revolució» antialmohade d'al-Andalus, enfront de l'intrusisme de Zayyân ibn Mardanîx, governant sense cap lligam de parentesc amb els Banû Hûd.

Tanmateix, no creiem que al govern de Zayyân ibn Mardanîx se li pugui imputar el fet d'ésser contrari als principis inspiradors de la revolta antialmohade; entre altres raons, perquè ell en fou cabdill a València. Per altra banda, el prestigi dels Banû Mardanîx és igual o superior al dels Banû Hûd a Xarq al-Andalus; recordem que Zayyân pertanyia a la mateixa família que el cèlebre rei Llop, heroi de la resistència andalusina contra els almohades. Ultra això, considerem que el fet d'adscriure's a una dinastia exterior respon a interessos particulars dels caps andalusins i no pas a motivacions de caire ideològic, encara que resulti, almenys, original la vinculació hudita als abbàssides de Bagdad, que nosaltres identifiquem amb l'anhel independentista andalusí enfront de l'Imperi almohade magribí.

Zayyân era un *thagrî*, o sia, un soldat de frontera a l'igual que Ibn Hûd al-Mutawakkil ^{c}alà Al·lâh i Ibn al-Ahmar de Granada. El seu prestigi com a cap militar era precisament el que necessitaven els desventurats murcians, sota el govern del pietós però ineficaç Ibn Khattâb, que veia el seu exèrcit empaitat i superat en tot moment per les hosts dels regnes cristians. Així, doncs, calia una solució militar, que fou la triada pels notables murcians en oferir a un membre dels Banû Mardanîx el poder a Múrcia.

Tanmateix, és possible que el partit que recolzava Azîz ibn Khattâb s'exiliés entre altres llocs a Oriola; però, la lleialtat dels seus membres envers la figura d'Ibn Hûd al-Mutawakkil ʿalà Allàh és dubtosa, pel fet d'haver apartat del poder el seu fill i successor, al-Wâthiq; recordem que fou precisament Zayyân ibn Mardanîx qui alliberà de la presó a al-Wâthiq i que, segons les fonts àrabs, concretament el *Kitâb Aʿmâl al-Aʿlâm* d'Ibn al-Khatîb, una revolta de la plebs precedí l'entrada a Múrcia de l'exrei de València.

Així, doncs, resulta difícil de creure que els exiliats murcians foren els representants d'una resistència a ultrança de l'ideari hudita enfront de les intromissions externes; més aviat, ens inclinem a pensar que es tractés d'intel·lectuals compromesos amb el govern d'Ibn Khattâb, personatge que gaudia de bona fama com a asceta i literat. Per tant, el cercle oriolà seria resultat de l'exili del partit intel·lectual que sostenia Ibn Khattâb a Múrcia, que s'aprofitaria de les vel·leïtats particularistes del règim d'Abû Jaʿfar ibn ʿIsâm d'Oriola, personatge que mantenia vincles amb els Banû Hûd, i que aprofitaria la conjuntura que li donava l'arribada de Zayyân a Múrcia per a afirmar la seva independència.

II.
LA DOMINACIÓ CASTELLANA

La conquesta

En el capítol anterior hem vist l'evolució política de les terres sota el poder polític (a vegades tan sols nominal) de Múrcia, des del començament de la decadència almohade fins a l'adveniment de Bahâ' ad-Dawla, el Diaodaula de les cròniques cristianes. Abans de continuar, caldria fer algunes precisions sobre la naturalesa del reialme musulmà de Múrcia. De tot allò dit a les pàgines precedents queda clar que l'aparició dels estats de taifes, a partir de la segona dècada del segle XIII, respon a la decadència d'un poder central que es descompon inexorablement. Un poder que, de més a més, és estranger, oprimeix els andalusins i, alhora, trenca l'harmonia que caracteritzava la civilització musulmana d'al-Andalus. Però, en els seus inicis, la revolta neix de les picabaralles pel poder entre els *sâda* (plural de *sayyid*) almohades, en un imperi en descomposició. Tot i això, ni els capitostos almohades ni els andalusins que se sollevaran en contra d'aquells, cerquen una independència formal del territori sota la seva jurisdicció; és més, cercaran el domini sobre tot al-Andalus, essent la secessió el primer pas per a, després, conquerir el veí. Els sobirans andalusins no dubtaran a cedir la sobirania nominal dels seus territoris en favor d'un monarca llunyà, del qual puguin esperar algun tipus d'ajuda, tant econòmica com militar. Aquest és el cas del monarca murcià, independent en la pràctica; l'ambició l'empeny a rebel·lar-se per a ésser més poderós, i si vol la unitat d'al-Andalus és sempre i quan aquesta estigui sota el seu ceptre, mai sota el d'un altre.

L'altre territori sobirà de Xarq al-Andalus en aquests temps era el regne de València, el qual, ans de l'adveniment de Zayyân ibn Mardanîx, també ens ofereix una situació semblant. El *sayyid* Abû Zayd ᶜAbd ar-Rahmân governarà València en nom dels almohades, i encara que hi actués com a rei, i fins i tot se'n titulés, mai no negà la seva submissió teòrica al califa de Marràqueix. Com a conseqüència del cop d'estat de Zayyân, a la ciutat de València, del 24 de gener de 1229, Abû Zayd fugirà a Sogorb, on més tard s'aliarà amb els conqueridors catalanoaragonesos i àdhuc es convertirà al cristianisme, tot adoptant el nom de Vicent.[24] Per altra banda, Alzira, Xàtiva i Dénia no reconegueren el nou rei de València i es lliuraren a Ibn Hûd al-Mutawakkil ᶜalà Al·lâh de Múrcia. Amb el desmembrament dels territoris d'Abû Zayd, veiem la poca consistència d'aquests estats, poc cohesionats i productes de les ambicioses oligarquies locals.

És per això que dubtem de l'apel·latiu de regne per a designar aquests estats, malgrat que aquesta és una definició difosa a bastament pels historiadors. Més aviat, es tractaria de senyorius que s'unirien o se separarien en funció de la política particularista del seus senyors, els quals gaudien d'un poder sotmès teòricament a un altre de superior, amb la finalitat d'autolegitimar-se, encara que en la pràctica eren veritablement independents; aspecte, aquest, que és el que permet definir amb el nom de reis tals senyors musulmans. Però, no simplement eren independents

24. Sobre Abû Zayd, vegeu el treball de M.C. BARCELÓ TORRES, *El sayyid Abû Zayd: príncipe musulmán, señor cristiano*, «Awraq», III, 1980, pp. 101-108.

els senyors de les grans ciutats que alhora eren capitals d'una àmplia jurisdicció política; també actuaven així, en la pràctica, els valís i raisos de poblacions més petites. De tal manera que al-Andalus s'estructurava com un gegantesc mosaic de petits poders que podien o no reconèixer una autoritat superior, i aquesta a una altra, en funció de la política i les condicions del moment. La qüestió és de gran importància per a poder definir què era un reialme de «taifa» postalmohade i quina estructura política li donava forma, a l'arribada dels conqueridors cristians.

Bahâ' ad-Dawla es trobà amb seriosos problemes per a mantenir la cohesió del territori murcià; els seus intents per a sotmetre els rebels de Lorca, Mula i Cartagena fracassaren per complet i, alhora, les avançades castellanes de Ferran III amenaçaven contínuament les fronteres. En aquests moments, els límits del definit com a reialme musulmà de Múrcia comprenien una línia que, partint d'Alacant, arribava pel sud de Biar fins a l'est de Villena i Aiora, assolint el nord a les rodalies de Cofrents, a la confluència del Cabriol amb el Xúquer, que inclou les viles d'Elx, Petrer, Elda i Saix; envers l'est, podem traçar els límits per Jorquera fins a Chinchilla, seguint per Peñas de San Pedro fins a vorejar la serra d'Alcaraz pel seu vessant oriental. La divisòria, per la banda sud, variava sensiblement pels límits de les actuals comunitats de Castella-la Manxa i Andalusia a llevant del massís de la Sagra, per a continuar a l'est de Huéscar, Orce, Galera i Caztalla, proseguint pel nord-est de la serra de les Estancias i acabar al sud d'Águilas.[25]

Si aquest era el regne en teoria, això no vol dir pas que el constituís en la pràctica. El mal govern interior estava tan avançat que els castellans, més que no pas de regne de Múrcia, parlaven de senyorius, definició que ens pareix més escaient per aquestes terres compreses entre els límits que acabem de marcar (això sí, prescindint de qualsevol implicació de tipus feudal

25. J. TORRES FONTES, *La reconquista de Murcia...*, p. 33.

del concepte). La pressió a la qual es veia sotmès el monarca hudita arreu de les fronteres del regne, tant per catalans i castellans com per granadins pel sud, a més de la incipient anarquia existent, obligava Ibn Hûd Bahâ' ad-Dawla a prendre una ràpida determinació. També l'avantguarda castellana, representada pels cavallers de l'orde de Santiago, dominava una àmplia extensió de la frontera murciana: Chinchilla havia estat conquerida per les hosts de Pelai Pérez de Correa, i el 15 de febrer del 1243 són lliurades, als santiaguistes, Galera, Huéscar, Orce, Caztalla i altres viles, penetrant els castellans com una falca entre Múrcia i Granada, i iniciant la submissió del territori murcià al seu poder. Així, doncs, la situació obligava el monarca murcià a pactar amb els castellans, cedint el regne de Múrcia al rei Ferran III amb la condició de seguir gaudint de part de rendes i drets. No era una solució desitjable, però en aquell moment era l'única factible davant la irremissible realitat, ja que els castellans tard o d'hora acabarien fent-se amb tot el reialme murcià.

A finals de febrer del 1243 els missatgers de l'hudita (conegut per Abenhudiel en les cròniques castellanes) marxaren a Toledo, on es trobava l'infant Alfons, amb la missió d'oferir al rei castellà la sobirania sobre Múrcia. Ja en el mes d'abril i un cop informat el monarca castellà, l'infant Alfons s'entrevistà a Alcaraz amb l'ambaixada murciana, encapçalada per Ahmad, fill d'Ibn Hûd Bahâ' ad-Dawla. Es decidí la partició, a meitat, de les rendes del reialme: una part seria per al rei de Castella i l'altra per a Ibn Hûd Bahâ' ad-Dawla i els raisos d'Alacant, Elx, Crevillent, Oriola, Aledo, Alhama, Cieza, Ricote i aquells altres que acceptessin el pacte. Els castellans, a més, es reservaven la tinença de les principals fortaleses del regne i tota la política exterior d'aquest; així mateix, els musulmans restaven obligats a servir en contingents armats castellans en cas de guerra. A canvi, els musulmans serien respectats i rebrien protecció militar contra Granada. Els capitostos musulmans que es neguessin a reconèixer la sobirania castellana serien exclosos del pacte i combatuts per les armes.

L'infant Alfons (el futur Alfons X «el Savi») entrava a Múrcia el primer de maig del 1243, ocupant les places i els castells lliurats voluntàriament. No obstant això, després d'aquesta primera expedició, encara restava molt a fer, ja que importants viles del regne continuaven sense retre's: Cartagena, Mula, Lorca eren places rebels i encara no s'havien retut els castells d'Alacant, Oriola, Aledo i Ricote.

És ben curiós el cas de la vila d'Alacant, governada per l'exrei de València i de Múrcia Zayyân ibn Mardanîx, on es refugià després d'ésser foragitat de Múrcia per Ibn Hûd Bahâ' ad-Dawla. Segons el *Llibre dels Fets* de Jaume I, Zayyân s'entrevistà, en la primavera del 1240, amb el monarca català, a la ràpita de Bairén (prop de l'actual castell de Sant Joan, a Gandia), oferint-li la permuta del castell d'Alacant, que ell posseïa, per l'illa de Menorca, aleshores feudatària del rei catalanoaragonès: *«E dixnos que, si nós volíem dar Manorques, que tingués per nós, que·ns rendria lo castell d'Alacant, car él n'era poderós que·l nos poria rendre; e que·l déssem .V. mília besans de present»*. Aquesta oferta fou rebutjada per Jaume I, al·legant que pertanyia als reis de Castella conquerir Alacant, en virtut de la frontera convinguda al tractat de Cazola entre Alfons I de Catalunya-Aragó i Alfons VIII de Castella, el 1179: *«Que li graÿem molt la amor que ell nos deÿa, e que ben semblava l'amor que él nos havia e·l bon cor, per ço car volia més lo castell d'Alacant per nós que per nuyl altre hom; mas que no·ns ho tingués en mal, que nós no podíem fer aquela cosa ab ell, car nós havíem covinences ab lo rey de Castela e havíem partides les terres ja en temps de nostre pare e de son avi, e que·l castell era en la sua partida; per què la covinença que nós li havíem feyta, no la li volíem trencar»*.[26]

26. Jaume I, *Llibre dels Fets del rei En Jaume*, c. 307. Per a les cites, hem fet servir l'edició crítica a cura de Jordi Bruguera, ENC, Ed. Barcino, Barcelona, 1991. Cal assenyalar també les edicions de Josep Maria de Casacuberta, 9 vols., «Col·lecció Popular Barcino», Barcelona, 1926-1962; i de Ferran Soldevila a *Les Quatre Grans Cròniques*.

Segons J.M. del Estal, Zayyân, com a governador d'Alacant, rebutjà més endavant el tractat d'Alcaraz i tota submissió a Castella.[27] Aquesta dada contradiu la versió tradicional, difosa pels cronistes locals i seguida per l'historiador alacantí Francesc Figueras Pacheco, que manifesta que Alacant es lliurà pacíficament al rei castellà.[28] Igualment, aquesta nova afirmació posa una mica en dubte que Zayyân participés en les capitulacions d'Alcaraz, com així indica el mateix Figueras Pacheco i també, seguint la *Primera Crónica General*, Torres Fontes. Tanmateix, assistís o no el governador d'Alacant a l'entrevista d'Alcaraz acompanyant el seguici d'Ahmad, fill d'Ibn Hûd Bahâ' ad-Dawla, Alacant, a l'igual d'altres importants places de l'anomenat reialme de Múrcia —com Cartagena, Mula, Lorca i Oriola—, condemnà el pacte d'Alcaraz i es disposà a defensar-se d'un imminent atac castellà. L'infant Alfons, doncs, que seria l'encarregat de prendre el regne de Múrcia en nom del seu pare, no trobà gaire facilitats per a ocupar el territori murcià; ni molt menys l'ocupació d'aquest fou una senzilla passejada militar. L'ocupació castellana d'Alacant, així com la de les restants viles del regne hudita, i sobretot les que ja hem assenyalat més amunt, no fou pas el producte d'una capitulació espontània i generosa, sinó més aviat tot al contrari, el resultat palès d'una ocupació militar, com ho demostraria la política repoblacional i de repartiments seguida per l'infant Alfons.

Calgué un llarg setge, de més de quatre anys, per tal de reduir la resistència de Zayyân, qui es reté, finalment, en la primavera del 1247 (segons Ibn Khaldûn, l'any de l'hègira 644) i s'embarcà després amb rumb vers Kairuan, on ocuparia un alt càrrec públic a la cort del soldà d'Ifriqiya, al-Mustansir, fins a la fi de la

27. Juan Manuel del Estal, *Documentos inéditos de Alfonso X el Sabio y el infante su hijo Don Sancho*, Alacant, 1984, p. 12.; *Alicante, de villa a ciudad*, Alacant, 1990, p. 8.

28. F. Figueras Pacheco, *Alicante bajo los reyes de Castilla. De Fernando III el Santo a Fernando IV el Emplazado (1241-1296)*, Alacant, 1952, pp. 29-31.

seva vida.[29] Per aquelles mateixes dates, l'infant castellà degué ocupar la ciutat musulmana d'Alacant, si bé hom manca d'informació explícita al respecte. La primera referència documental coneguda ha d'ésser endarrerida d'alguns anys més, fins a l'agost del 1252, data d'un privilegi reial alfonsí que instituïa el consell alacantí, amb jurisdicció sobre un ampli *alfoz*, o terme municipal.[30]

Mentrestant, l'arribada dels catalanoaragonesos a la zona meridional del regne de València originà disputes amb els castellans. Alfons de Castella cobejava la possessió de Xàtiva, raó per la qual arribà a tractes amb els xativins i prengué les places de Moixent i Énguera. Jaume I reaccionà de manera ràpida i enèrgica: executà el missatger del castellà i immolà disset enguerins com a represàlia; seguidament, ultrapassà el port de Biar i ocupà Villena i Saix, arribant fins a Cabdet i Bugarra. Davant el caire que prenien els esdeveniments, l'infant Alfons optà per demanar una entrevista al seu sogre, qui acceptà, i així, es reuniren ambdós per tractar de resoldre llurs diferències. El lloc elegit fou Almirra (actualment: el Camp de Mirra, a la comarca de l'Alcoià), on el 28 de març del 1244 fou signat el tractat que delimitava les fronteres meridionals entre les dues corones; aquest acord prenia per base el de Cazola de l'any 1179, però amb la diferència que concretava molt més els límits, ja que a Cazola havia estat fixat el límit a Calp, prenent en consideració una referència marítima, a causa de la qual calia nou tractat, amb una delimitació més precisa, sobretot de les terres de l'interior. Així, doncs, s'hi convingué que de Castella serien Alacant, Aigües,

29. IBN KHALDÛN, *Histoire des berbères et des dynasties musulmanes de l'Afrique Septentrional*, traducció parcial al francès del baró Slane del *Kitâb al-ᶜIbar*, 4 vols., Alger, 1852-1856. Hem fet servir l'edició de la Librairie Orientaliste, Paris, 1978, II, p. 312.

30. Privilegi editat, entre altres, per T. GONZÁLEZ, *Colección de privilegios reales*, VI, Burgos, 1833, pp. 95-102, i J.M. DEL ESTAL, *Alicante, de villa a ciudad*, pp. 121-129, qui dóna una relació de tots els autors que l'han publicat.

Busot, Villena i Bugarra, seguiria la frontera per la carena de la serra de la Rua, prop d'Aiora, fins a la confluència dels rius Xúquer i Cabriol. En canvi, el rei En Jaume posseïria els castells de Castalla, Biar, Almirra i totes les terres entre Xàtiva i Dénia.[31] Al *Llibre dels Fets* del rei català apareixen altres detalls d'aquesta frontera: Almansa, Xarafull i el riu Cabriol correspondrien a Castella; en canvi, serien de la corona catalanoaragonesa Castalla, Biar, Relleu, Xixona, Alarc (avui la partida dels Arcs, al terme d'Altea), Finestrat, Torres (partida de la Vila Joiosa), Polop, la Mola (prop d'Aigües) i Altea.[32] J. Torres Fontes i Ángel Luis Molina afegeixen que aquest tractat suposà també la ratificació del concertat casament entre l'infant de Castella i la infanta Na Violant.[33] Això és erroni, car l'enllaç es realitzà abans d'aquest esdeveniment, tot essent un dels motius de la disputa per Xàtiva, que Alfons de Castella demanava com a dot de la seva esposa: *«Que era casat ab nostra fiyla e que creÿa ell que nós no la poríem mils casar ab nuyl hom del món que ab ell; per què creÿa que devia haver una partida de terra ab ela, en casament, e que Xàtiva, que li havien mandada per Obieto Garcia, que parlà lo començament lo casament»*.

Delimitada la frontera en tots els seus detalls, l'infant Alfons continuaria les campanyes contra els musulmans murcians. Cal dir que Alacant seria conquerida en aquesta època després de signat el tractat d'Almirra, essent molt probablement un dels darrers baluards musulmans que caurien en mans dels castellans. El primer objectiu, però, seria Mula, on destacà la intervenció de Pelai Pérez de Correa al capdavant de les milícies santiaguistes; la rendició de la vila, obtinguda sense condicions, menà a l'expulsió dels seus habitants, llevat d'un petit nombre al qual se li permeté d'instal·lar-se al raval, com a moreria. Seguidament,

31. S. Carreres Zacarés, *Tratados entre Castilla y Aragón. Su influencia en la terminación de la Reconquista*, València, 1908, pp. 22-24.

32. Jaume I, *Llibre dels Fets*, c. 343.

33. J. Torres Fontes i Á.L. Molina Molina, *Murcia castellana*, p. 300.

li arribaria el torn a Lorca, vila de gran importància estratègica i defensada per una important guarnició, que es lliurà per capitulació, una vegada mort el rais Abû ᶜAbd Al·lâh Muhammad ibn ᶜAlî Ahlî. Oriola es retria per la mateixa època, després d'un llarg setge. Finalment, Cartagena era presa pels castellans en la primavera de 1245, participant en l'operació una flota vinguda del Cantàbric sota el comandament de Ruy García de Santander. En el mes de maig del 1246, Alfons de Castella es trobava al setge de Jaén, esdeveniment aquest que per a J. Torres Fontes significa que el regne murcià ja era conquerit.[34] Evidentment, Alacant, tal i com hem vist, restava fora d'aquesta generalització.

J. Torres Fontes distingeix dues etapes en la dominació castellana de Múrcia abans de la intervenció de Jaume I: la primera s'esdevé des del moment de l'annexió fins a la tornada d'Alfons X, ja rei, l'any 1257; i la segona, que s'inicia en aquest any i arriba fins a la revolta mudèjar del 1264 i posterior intervenció del rei català.[35] La primera d'aquestes etapes es podria caracteritzar per l'observança que Alfons de Castella prestà als capítols del tractat d'Alcaraz, on quedava explicitat que en tot el territori subjecte al senyoriu de Castella serien respectades les propietats dels musulmans. Evidentment, les poblacions que, com Alacant, Mula, Cartagena i altres, foren sotmeses per la força de les armes, tingueren un tracte ben distint. Altrament, Juan Manuel del Estal pensa que, tot i que les propietats musulmanes foren expropiades en aquestes poblacions, la població musulmana no en fou expulsada, llevat dels grups que havien encapçalat la resistència contra l'ocupació cristiana.[36] Tot i aquesta argumentació, sembla evident que la població musulmana fou foragitada de les poblacions que oferiren, d'antuvi, resistència a l'avanç de les hosts castellanes. El cas d'Alacant és prou clar, car durant la rebel·lió mudèjar de Múrcia es mantingué fidel a Castella, i ser-

34. J. Torres Fontes, *La reconquista de Murcia...*, p. 44.
35. *Ibídem*, p. 47.
36. J.M. del Estal, *Documentos inéditos...*, p. 17.

ví en tot moment de punt d'aprovisionament de l'exèrcit català que operava per aquestes terres; la qual cosa hauria estat impossible si a Alacant hagués romàs la seva població musulmana, que, recordem-ho, havia estat contrària als dictats del pacte d'Alcaraz. D'abans de l'arribada de Jaume I al capdavant del seu exèrcit a Alacant, ja posseïm testimonis documentals sobre la importància d'aquesta vila per al desenvolupament de les operacions militars: l'abril del 1265 l'infant Pere s'aprovisiona de vi per a la seva host en campanya;[37] el 10 de juliol del 1265 l'infant Pere reconeix un deute de 12.480 sous i quatre diners a Guillem de Plana, qui proveí l'exèrcit català, entre altres productes, de 165 cafissos de blat, a Alacant;[38] el 27 d'agost del mateix any, els comptes de Raimon Romeu consignen el lloguer de barques per a l'infant Pere quan anà de Montpeller a Alacant, i d'un troter o correu de peu que el seguí durant tota la travessia.[39]

La segona etapa del domini castellà de Múrcia anterior a la intervenció catalana, comença amb l'arribada d'Alfons X, ja rei, a terres murcianes, el 1257, on romangué per espai de sis mesos. Aleshores, el monarca es mostrava preocupat per repoblar de castellans el país, amb la finalitat que poguessin proporcionar major seguretat i consistència a la senyoria castellana del territori.

Una vegada el rei castellà s'hagué desempallegat dels problemes que l'havien retingut a Andalusia, la seva atenció recaigué de bell nou sobre les terres murcianes. Allà on era permès per les capitulacions signades amb els musulmans, foren realitzats els repartiments de forma intensiva; a vegades, quan sorgia algun

37. J. Torres Fontes, *Alicante y su puerto en la época de Alfonso X el Sabio y Jaime I*, «Revista del Instituto de Estudios Alicantinos», 19, Alacant, 1978, pp. 11-24.

38. ACA (Arxiu de la Corona d'Aragó), r. 17, f. 34. Editat per Ferran Soldevila, *Pere el Gran*, 2 vols., Barcelona, 1995, I, p. 453, document 21.

39. Daniel Girona i Llagostera, *Mullerament de l'infant En Pere de Catalunya amb madona Constança de Sicília*, «I Congrés d'Història de la Corona d'Aragó», I, Barcelona, 1909, pp. 232-299.

entrebanc que vulnerava els pactes, era autoritzada la compra de propietats d'andalusins, amb el consentiment dels caps musulmans; també, era freqüent l'ús de la coacció, sobre el rei i els raisos, per fer-se amb les heretats; en altres ocasions, per decisió pròpia, els mateixos caps musulmans regalaven als pobladors castellans terres, bé en pagament o bé en senyal de gratitud per algun servei que se'ls hagués prestat; per últim, i en menor quantitat, els documents ens parlen del patrimoni dels conversos, el qual passava a formar part del conjunt de propietats sota domini cristià.[40]

La repoblació iniciada el 1257 afectaria les distintes contrades del reialme. Pel que fa a la capital, cal assenyalar que l'acord d'Alcaraz només permeté l'establiment d'una guarnició militar a l'alcàsser i l'existència d'un merino major, encarregat de la recaptació de les rendes corresponents a la corona. Com a conseqüència de l'arribada contínua de nous repobladors, les autoritats castellanes decidiren situar els nouvinguts al raval murat de la Reixaca (Arrixaca, en castellà), on iniciaren el culte a una marededéu, que prengué el nom de l'esmentat lloc —reflectit a *As Cantigas*—, i on constituïren un petit *concejo*. El juny del 1257 Alfons X concedí als habitants de la Reixaca l'heretat de les Condomines.[41] A partir del 1258 el càrrec de merino major és substituït pel d'*adelantado*, que implicava una major presència militar i política dels castellans a Múrcia.

Amb la conquesta del territori també s'inicià la seva integració al món cristià d'obediència romana, amb la restauració de la diòcesi de Cartagena, hereva de la metropolitana cartaginense. Innocenci IV, el 1250, des de Lió, per la butlla *Spiritu exultante*, proveirà la nova seu amb el nomenament de fra Pedro Gallego, confessor de l'infant Alfons abans d'accedir al tron. Els cognoms del nou bisbe eren González i Pérez, però hi renuncià en entrar

40. J. TORRES FONTES, *La reconquista de Murcia...*, pp. 52-58; i d'aquest autor i Á.L. MOLINA, *Murcia castellana*, p. 306.
41. J. TORRES FONTES i Á.L. MOLINA, *Murcia castellana*, pp. 306-308.

a l'orde franciscà, tot adoptant el gentilici «Gallego», ja que era natural de la localitat gallega de Santa Marta de Ortigueira. Pels privilegis rodats, sabem que Alfons X confirmà el bisbe cartagener el 31 de juliol del 1252, encara que no trobem cap privilegi anterior que ho corrobori. No obstant això, segons el bisbe Comontes, els arxius d'Uclés i el privilegi de Sevilla, el nomenament i la consagració del bisbe de Cartagena es produí en «anno domini MCCL».[42] Altrament, des del primer moment de la conquesta, també cal palesar la presència d'ordes religiosos seculars, com els de Sant Francesc i Sant Domènec, així com els agustins de Cornellà de Conflent, que, procedents de l'actual Catalunya Nord, s'instal·len a Sant Genís de la Jara, al Camp de Cartagena, centre religiós que gaudia de cert renom pel seu passat mossàrab. A més d'això, la presència de monjos catalans tan aviat en terres murcianes, testimoniaria la presència de nuclis repobladors vinguts de Catalunya entre els habitants que s'assentarien de bell antuvi a Múrcia, abans de l'allau immigratori conseqüència de l'expedició conqueridora de Jaume I.

La progressiva arribada de nous pobladors cristians, atrets per les concessions realitzades pel rei castellà, així com l'autorització reial per a poder adquirir heretats en tot el territori subjecte al tractat d'Alcaraz, provocà cert malestar entre la població musulmana. S'anava produint una gradual despoblació d'andalusins, en benefici dels nouvinguts cristians. Aquestes donacions, ensems amb la vulneració de les estipulacions d'Alcaraz, per assentaments castellans indeguts, accentuà el ressentiment i el desassossec dels musulmans, expressats amb públiques protestes davant del rei i, àdhuc, davant del papa. La conseqüència de tot plegat seria l'aliança dels murcians amb Ibn al-Ahmar de Granada, qui els menaria a la rebel·lió contra Castella, el 1264.

42. P. Díaz Cassou, *Serie de los obispos de Cartagena*, Madrid, 1895 (facs. Múrcia, 1977, pp. 15-19).

L'oposició mudèjar

La situació de la població autòctona del territori murcià empitjorava a mesura que passava el temps. Si, d'antuvi, mercès als pactes subscrits el 1243 entre castellans i murcians, aquests gaudien del respecte d'aquells i mantenien la sobirania nominal de Ibn Hûd Bahâ' ad-Dawla, tot es capgiraria a partir de l'adveniment de l'infant Alfons com a rei de Castella. A partir de l'arribada del monarca castellà a la capital del Segura el 1257, els efectes d'una nova política que propugnava l'assentament de nous contingents cristians, en menyscapte dels musulmans, originà les naturals protestes d'aquests.

Pel que fa a la dinastia musulmana que encara nominalment era la sobirana de Múrcia, mancada de poder efectiu, s'exhaurí a mesura que declinava el component musulmà, ja mudèjar, de Múrcia. Ibn Hûd Bahâ' ad-Dawla continuà al capdavant de la seva comunitat, després del 10 de *xawwâl* del 640 (2 d'abril del 1243)[43] fins a la seva mort, esdevinguda entre 1259 i 1260.[44] Durant aquest espai de temps encunyà moneda, en nom dels califes abbàssides de Bagdad, els anys 1246, 1253, 1256 i 1259.[45] També aquests anys el seu nom apareix confirmant els privilegis rodats d'Alfons X, concretament entre el 1253 i el 1259.[46] Segons Ibn Khaldûn, aquest rei mancat de sobirania finà l'any 660 de l'hègi-

43. Data del tractat d'Alcaraz. Vegeu IBN AL-ABBÂR, *Kitâb at-Takmila li-Kitâb as-Sila*, I, a cura d'A. Bel i M. Ben Cheneb, Alger, 1920, p. 73.
44. E. MOLINA LÓPEZ, *Marco histórico del segundo tercio del siglo XIII*, p. 255.
45. Vegeu els treballs de F. CODERA, *Monedas inéditas de los últimos años de los árabes en Múrcia*, «Revista de Arqueología Española», I, 1880, pp. 33-44; i C.M. DEL RIVERO, *Reseña histórico-numismática del reino de Murcia*, «Hispania», XXXVII, 1949, pp. 566-595.
46. J. TORRES FONTES, *Colección de documentos para la historia del Reino de Murcia*, I, *Documentos de Alfonso X el Sabio*, Múrcia, 1963, pp. 9-11; III, *Fueros y privilegios de Alfonso X el Sabio al reino de Murcia*, Múrcia, 1973, pp. 41-45, 47-50.

ra (1261-1262),[47] data en la qual és succeït pel seu fill Muhammad ibn Abî Ja^c^far. Tanmateix, en els documents del 1260 és Abû Ja^c^far ibn Muhammad ibn Muhammad ibn Hûd qui subscriu els documents castellans com a rei vassall de Múrcia, i, per tant, no sembla encertada la data donada per Ibn Khaldûn. Segons Mariano Gaspar Remiro, Abû Ja^c^far traspassà el 1261 o el 1262,[48] però s'equivoca, car Abû Ja^c^far apareix com a confirmant de la documentació castellana fins al 3 de juliol del 1263, any que el succeeix Ibn Abî Ja^c^far. Aquest fill d'Abû Ja^c^far surt com a subscriptor d'un privilegi amb data de 5 de juny del 1264, però, en canvi, el nom del rei de Múrcia és omès en un altre d'anterior, datat el 15 d'abril del mateix any, mancança que sembla obeir a la mort o deposició d'Abû Ja^c^far, esdevinguda abans del 15 d'abril, quan la cancelleria castellana no sabria encara el nom del successor i, per això, no el pogué incloure en la llista dels confirmants.[49]

L'actitud submisa de Bahâ' ad-Dawla i els seus successors no era compartida, com és obvi, per gran part de la població murciana, que si bé en un principi, com a mal menor, fou obligada a avenir-se amb els conqueridors castellans, ara, l'amplitud de les reformes introduïdes per Alfons X, que afectaven negativament la comunitat mudèjar, obrí ferides mal curades i introduí l'esperit de revolta en les ments dels subjugats murcians. Un membre dels Banû Hûd encapçalaria el partit irredentista. Després d'una llarga i obligada absència, tornava a l'escena política murciana Abû Bakr Muhammad ibn Hûd al-Wâthiq, exrei de Múrcia i fill d'aquell que, anys enrere, encapçalà la revolta andalusí contra els almohades, i rival de la branca hudita governant. Recordem que al-Wâthiq fou destronat per Azîz ibn Khattâb, després de només set mesos de govern, i que seria alliberat per Zayyân ibn

47. Ibn Khaldûn, *Kitâb al-^c^Ibar*, II, a cura de Bulaq, El Caire, 1968, p. 334.
48. Mariano Gaspar Remiro, *Historia de Murcia musulmana*, Múrcia, 1980, p. 299 (ed. original: Saragossa, 1905).
49. A. Ballesteros Beretta, *Alfonso X el Sabio*, Barcelona, 1984, p. 396.

Mardanîx, quan aquest assolí el poder a Múrcia el 1239. No sabem res d'ell a partir d'aleshores, i és possible que es mantingués al marge de la política, encara que hostil a la branca hudita que deposà Zayyân, la mateixa que recolzà el cop d'estat d'Ibn Khattâb contra ell, el 4 de *muharram* del 636 (17 d'agost del 1238).

Segons Ibn Khaldûn, l'any 622 de l'hègira (novembre del 1263-octubre del 1264), al-Wâthiq destronà Ibn Abî Jacfar.[50] Al-Wâthiq esdevindrà un cabdill mudèjar comparable a al-Azraq per al regne de València, car encapçalarà l'anhel de llibertat dels musulmans murcians i denunciarà, àdhuc assabentant-ne el papa, els nombrosos greuges que els castellans infringien al seu poble. Un dels col·laboradors d'al-Wâthiq, Abû Tâlib ibn Sabcîn, germà de l'il·lustre sufí Muhammad ibn Sabcîn, fou l'encarregat d'anar a Roma a denunciar davant el pontífex l'incompliment dels acords d'Alcaraz per part del rei de Castella.[51] Desconeixem quina resposta donà Urbà IV a l'ambaixador murcià, però no gens bé marxarien les coses, perquè els mudèjars de Múrcia es decidissin a trametre un missatger al cap de la cristiandat occidental. Així, doncs, el descontentament murcià anà augmentant, esperonat per l'altivesa d'Ibn al-Ahmar de Granada i la possibilitat d'una intervenció africana en la península que capgirés l'atziaga situació.

50. IBN KHALDÛN, *Kitâb al-cIbar*, II, p. 334.
51. AL-MAQQARÎ, *Nafh at-Tîb*, I, a cura de Muhlî ad Dîn, 10 vols., El Caire, 1949, p. 447.

III.
LA REVOLTA MUDÈJAR

La rebel·lió contra Castella

El descontent dels musulmans murcians contra les arbitrarietats castellanes esclatà el 1264, esperonats per la guerra que havia iniciat el rei de Granada, Muhammad ibn Yûsuf ibn Nasr, o Ibn al-Ahmar, el qual havia entrat en tractes amb els soldans de Tunis i el Marroc, així com amb les comunitats mudèjars de la major part d'al-Andalus, per a combatre l'hegemonia de Castella. El terme mudèjar, de l'àrab *mudayyan*, «aquell qui paga tribut»,[52] està ací ben expressat, ja que Ibn al-Ahmar era vassall de Castella des de les acaballes del setge de Jaén, el 1246.[53] Tres

52. El terme, l'encunyà Isidro de las Cagigas (*Los mudéjares*, 2 vols., Madrid, 1948-1949, II, p. 424).
53. El rei de Castella i els seus consellers decidiren assetjar Jaén l'agost del 1245; vegeu Julio GONZÁLEZ, *Las conquistas de Fernando III en Andalucía*, «Hispania», XXV, 1946, pp. 1-123, tiratge a part, p. 95. Els musulmans oposaren una tenaç resistència, però, la defecció d'Ibn al-Ahmar, polític que davant l'agreujament de la situació confiava d'arribar a un acord amb els castellans, els obligà a capitular. Vegeu Rachel ARIÉ, *L'Espagne musulmane au temps des nasrides (1232-1492)*, París, 1973, pp. 59-60.

anys abans, però, com hem vist en el capítol anterior, Ibn Hûd Bahâ' ad-Dawla de Múrcia s'havia sotmès a l'autoritat de Ferran III. Així, doncs, almenys, teòricament, a mitjan segle XIII Granada i Múrcia estaven sota la sobirania nominal del rei de Castella.

No obstant això, el granadí no es resignava a romandre sota el ceptre castellà i aprofità la pau amb Ferran III per a consolidar la seva autoritat a l'emirat naixent de Granada, a l'aguait que la conjuntura es capgirés en favor dels andalusins. Muhammad ibn Yûsuf ibn Ahmad ibn Nasr era un *thagrî* o soldat de frontera,[54] que s'havia distingit en la lluita contra els cristians. Aprofitant l'incipient estat de confusió que havia propiciat la revolta contra els almohades, el 26 de *ramadân* del 629 (18 d'abril del 1232), a l'eixida de l'oració de divendres, es proclamà soldà a Arjona, localitat situada a l'actual província de Jaén. Es considerava descendent d'un dels companys de Mahoma, Sa^{c}d ibn ^{c}Ubada, però, en realitat, procedia d'una família més aviat modesta, els Banû Nasr o Banû-l-Ahmar. Amb l'ajut dels seus parents, els Banû Axqîlûla o Escaiola, s'apoderà de Jaén, Porcuna i Còrdova, desafiant el lideratge d'Ibn Hûd al-Mutawakkil ^{c}alà Al·lâh. Aviat se li uniren Guadix i Baza. Nogensmenys, Còrdova, dominada per la família dels Banû-l-Mawl, rival dels Banû Hûd murcians, s'havia unit a Ibn al-Ahmar, però la rigidesa del govern del nassarita provocà el seu retorn al govern hudita. El mateix passà a Sevilla, on se li havia unit la influent família dels Banû Bâjjî. Tot i la derrota que infringí a l'hudita, Ibn al-Ahmar s'emparà de Sevilla només durant un mes, car el rigor del seu govern no fou suportat pels habitants. Com a conseqüència dels

54. En aquesta època, cal entendre el mot *thaghrî* com a sinònim de *murâbit*, en el sentit de soldat de l'islam, com així indica M.J. RUBIERA MATA: *Los Banû Escallola, una dinastía granadina que no fue*, «Andalucía Islámica», II-III, 1981-82, Granada, 1983, pp. 85-94. És a dir, membre d'una confraria de guerrers de caràcter religiós. Ibn al-Ahmar seria el cap, o *xaykh*, d'una d'aquestes confraries; vegeu R. ARIÉ, *L'Espagne musulmane...*, pp. 51-52.

fracassos a Còrdova i Sevilla, Ibn al-Ahmar optà per retre vassallatge a Ibn Hûd al-Mutawakkil ᶜalà Al·làh, el mes de *xawwâl* de 631 (juny-juliol del 1234).

Ibn al-Ahmar, *ax-xaykh*, fou reconegut rei de Jaén, Arjona i Porcuna. Davant l'avanç castellà per la vall del Guadalquivir, Ibn al-Ahmar prefereix la negociació amb Ferran III i permet que el rei castellà conquereixi Còrdova, la ciutat que en el passat fou l'admiració d'Occident, el mes de *jumâdâ I* del 633 (gener del 1236). Després de la caiguda de Còrdova, el nassarita i el monarca castellà signaren treves amb Ibn Hûd al-Mutawakkil ᶜalà Al·lâh, qui veia com progressivament s'enfonsava el seu poder i augmentava el malestar dels seus súbdits. En aquesta conjuntura, Muhammad ibn al-Ahmar entrà triomfalment a Granada en *ramadân* del 634 (maig del 1237), no sense certa dosi d'histrionisme, car entrà vestit humilment i calçat amb sandàlies.[55]

Una vegada instal·lat a Granada, Ibn al-Ahmar vehiculà la seva política vers el manteniment de les bones relacions amb el seu teòric senyor, Ferran III de Castella; alhora, iniciava contactes amb els sobirans del nord d'Àfrica. Així, el 1248, les hosts granadines participaven ensems amb l'exèrcit castellà en la presa de Sevilla, que es reté després d'un enterc setge de sis mesos, el mes de *ramadân* del 646 (desembre del 1248). Malgrat aquesta actitud forçada per les circumstàncies, Ibn al-Ahmar tractà de guanyar-se l'afecte dels seus súbdits, i, així, seguint l'exemple d'Ibn Hûd al-Mutawakkil ᶜalà Al·lâh, reconegué l'autoritat espiritual del califa abbàssida de Bagdad, fins que tornà a resorgir el poder almohade a Marràqueix sota ar-Raxîd, que fou reconegut pel granadí entre el 1239 i el 1242. Finalment, després de la mort del califa de Marràqueix, cercà el suport a la cort hàfsida de Tunis, i una ambaixada granadina prestà jurament a Abû Zakarîyâ'.

Muhammad I de Granada intentà augmentar el seu prestigi amb la conquesta de Ceuta, en poder d'un senyor independent,

55. Aquesta descripció, la dóna IBN AL-KHATÎB, *al-Ihâta*..., II, pp. 92-101.

al-ᶜAzafî. R. Arié creu que aquesta acció sobre Ceuta és conseqüència de la rivalitat entre la ciutat nord-africana i els ports granadins. En efecte, Ceuta mantenia un actiu comerç amb altres ports de l'Europa cristiana com Barcelona, Marsella i Pisa, la qual cosa perjudicava l'activitat comercial del litoral nassarita. Abans d'iniciar l'empresa, Ibn al-Ahmar s'entrevistà amb Alfons X a Jaén, probablement el 14 de maig del 1262, amb el propòsit d'obtenir ajut del rei de Castella, amb la condició que com a bon vassall governaria Ceuta en nom del seu senyor: *«...ffuemos a Jahén, et el uino y a nos, et dixiémosle que era aquello que nos enbiara prometer, et el díxonos que nos ayudaríe que ouiéssemos Cepta, et nos ganaríe muchos moros de allent mar, por amigos, que seríen en nuestra ayuda, et faríen lo que nos quisiéssemos, para conquerir la tierra»*.[56] Però, Alfons X exigí el lliurament d'Algesires i Tarifa a canvi del seu suport. Les pretensions del castellà no foren admeses pel nassarita, que decidí atacar Ceuta tot sol. L'estol granadí, comandat per az-Zâfir, fou totalment derrotat pels ceutins sota el comandament d'Abû-l-ᶜAbbâs ar-Rindâhî, encarregat de la defensa per al-ᶜAzafî, que s'emparà de la major part dels vaixells dels atacants.[57]

Mentrestant, les armes castellanes continuaven l'avanç per la Bètica: el 1260 Alfons X s'annexionà Cadis, el 1261 li arribaria el torn a Jerez, i el 1262 capitulà Niebla.

Muhammad I de Granada mantenia l'aparent estat d'amistat amb el monarca castellà. El nassarita no havia cessat pas d'afalagar el seu teòric senyor, car contínuament trametia ambaixades a la cort castellana com a mostra de submissió i fidelitat, però, alhora, la seva diplomàcia treballava en preparar el terreny a la coalició que des del Marroc a Múrcia havia d'intentar capgirar el destí d'al-Andalus.

56. Aquest és un fragment d'una carta tramesa pel rei de Castella a Pedro Laurencio, bisbe de Conca, publicat per A. BALLESTEROS BERETTA, *Alfonso X el Sabio*, p. 363.
57. IBN IDHÂRÎ, *al-Bayân II*, pp. 275-276.

Ultra això, la Granada nassarita s'havia convertit en refugi de les faccions dissidents magribines, encapçalades pels Banû Idrîs, no adictes a la sobirania del marínida Abû Yûsuf. Així, doncs, entre el 1262 i el 1264, tropes magribines, al capdavant de les quals hi havia Abû Tâbit ᶜÂmir ibn Idrîs i el seu germà Muhammad, arribaren a la península, on foren rebudes amb tots els honors pel soldà de Granada.[58] Aquestes tropes constituirien el nucli dels primers *ghuzâ* (plural de *ghâzî*, o «voluntaris de la fe», segons la traducció francesa del baró de Slane de la terminologia d'Ibn Khaldûn) benimerins al servei de la causa nassarita.[59] Així, doncs, amb el pretext del *jihâd* o Guerra Santa, aquestes forces passarien de constituir un element de desestabilització al Magrib, a ésser el reforç que el soldanat granadí necessitava per desafiar el potencial militar castellà. Segons la *Crónica* d'Alfons X l'interès d'Ibn al-Ahmar per aquestes tropes era ben palès: «*El rey de Granada, veyendo el gran afincamiento de la guerra en que estaba, envió rogar a Aben Yuzaf que lo enviase alguna gente en su ayuda, e envióle mil caballeros, e vino por cabdillo dellos un moro que era tuerto de un ojo, e decían que era de los más poderosos que había allén mar. E segund lo que se falló en escripto, dicen que éstos fueron los primeros caballeros jinetes* (zanâtes) *que pasaron aquén la mar después que el Miramamolín fué vencido*».[60] La inquietud que provocà el desembarcament de forces del nord d'Àfrica a la península també és recollit per Jaume I al seu *Llibre dels Fets*: «*E havíem hoït, d'abans, que·l rey de Castela s'era desavengut ab lo rey de Granada, e que·l rey de Granada de lonch temps havia percaçats los moros d'elèn mar, e que passaven los genets en sa terra, e que alèn porien cobrar tota la terra del rey de*

58. M.A. MANZANO RODRÍGUEZ, *La intervención de los benimerines en la Península Ibérica*, Madrid, 1992, p. 5.
59. IBN KHALDÛN, *Histoire des berbères...*, IV, pp. 459-488.
60. *Crónica del rey Don Alfonso decimo*, edició de Rosell a la «Biblioteca de Autores Españoles», LXVI, Madrid, 1953, c. 13.

Castella e tot ço que havien perdut per nós ne per nuyl altre hom del món en tota la Andeluzia».[61]

Les hostilitats s'iniciaren entre el 15 d'abril i el 5 de juny del 1264;[62] abans, però, i seguint les formalitats de l'època, Ibn al-Ahmar trencà el pacte feudal que l'unia a Alfons X de Castella. Paral·lelament, el granadí aconseguí que els mudèjars de Jerez i Múrcia s'unissin a la seva causa. Així és com el propi Alfons X descrigué la situació, en la carta tramesa al bisbe de Conca, Pedro Laurencio: *«...et enbiándonos dezir esto, fizo fablar encubiertamente los moros que moravan en nuestras villas et en nuestros castiellos, que se alçassen todos con él a día sennalado. Et a la sazón que él ouo passado quanto poder pudo de allent mar et guisadas todas sus cosas, et entendió que nos estáuamos más assessegado et assegurado, et con más poca conpana de que a esta tierra uiniemos enbiónos dezir que non era nuestro vasallo. Et ante que los sus mandaderos se partiessen de nos, corriónos la tierra, et combatiónos los castillos et matónos los vasallos, et fázenos agora quanta guerra et quanto mal puede, con su poder et con el de allén mar».*[63] De semblant manera s'expressa la crònica d'Alfons X: *«Este rey don Alfonso, seyendo en Castilla en este noveno año de su reynado, los reyes moros del reyno de Murcia e de todos los otros lugares que el avía ganado, ovieron fabla de consuno, e enviaron sus mandaderos a Aben Alhamar, e pusieron postura que un día se alzasen todos al rey don Alfonso, e en aquel día comenzase el rey de Granada la más fuerte guerra que pudiese facer, e cada uno de los otros eso mesmo. E el consejo ávido en esto, el rey Alboaquez e todos los otros moros que habían fincado en el reyno de Murcia alzáronse contra el rey don Alfonso e cobraron algunos de los castillos que tenían los cristianos. E otrosí los moros que avían fincado Xerez e en Arcos, e en Lebrixa e en Utrera, alzáronse contra el rey don Al-*

61. JAUME I, *Llibre dels Fets*, c. 378.
62. A. BALLESTEROS BERETTA, *Alfonso X el Sabio*, p. 370.
63. *Ibídem*, p. 368.

fonso, e el rey de Granada comenzó a facer la guerra mucho afincada».[64]

En aquests moments, la jurisdicció musulmana de les terres murcianes, com hem vist més amunt, recau sobre Abû Yaᶜfar ibn Muhammad, fill de Muhammad ibn Hûd Bahâ' ad-Dawla, a qui no succeeix Ahmad, o sia, el signant de les capitulacions d'Alcaraz en nom del seu pare. Tot sembla indicar que, amb la finalitat que no continuessin vigents els articles que Ahmad hi havia subscrit, els castellans imposaren Abû Yaᶜfar com a cap de la comunitat mudèjar murciana. És aleshores quan s'accentuen les queixes dels musulmans, encapçalats per al-Wâthiq, aquell rei murcià destituït que havia governat Múrcia el 1238, que ara encapçalava la dissidència. Hem de suposar que el descontent anava augmentant a mesura que passaven els dies, sobretot si considerem el ressò que adquiriria la notícia del pas de l'estret per contingents armats nord-africans. A tot això, la condició dels mudèjars murcians s'havia agreujat de 1257 ençà i, molt probablement, visquessin sota l'efecte de la por d'ésser foragitats de la terra llur. Efectivament, cal considerar que, com a conseqüència de la primera revolta d'al-Azraq, que agità les terres del sud valencià des del 1246 al 1252, Jaume I decidí una expulsió massiva de la població mudèjar de Xàtiva i la seva comarca, que escandalitzà els mudèjars de tot el reialme valencià,[65] i possiblement de Múrcia, com a primera receptora dels exiliats. Aquesta situació degué minar l'ànim de la població musulmana de tot l'antic Xarq al-Andalus, car l'esdeveniment tingué un gran ressò, que reflecteix la literatura àrab d'aleshores. El *Kitâb lubâb al-albâb*,[66] compost

64. *Crónica del rey Don Alfonso décimo*, c. 10.
65. R.I. BURNS, *L'islam sota els croats*, 2 vols, València, 1990, II, p. 98.
66. Es tracta del *Kitâb lubâb al-albâb min nazm ax-xuᶜrâ' wa-natr al-kuttâb*, que podem traduir per «Llibre del millor i més selecte dels versos dels poetes i la prosa dels secretaris». Estudiat per E. Molina López en la seva tesi doctoral, ja citada, *Murcia y el Levante espanol en el siglo XIII (1224-1266) a través de la correspondencia oficial, personal y diplomática*.

per encàrrec de l'almoixerif de Menorca, Sa^cîd ibn Hakam, dóna testimoni de la intranquil·litat que produí aquest esdeveniment, agreujat pel fet que Menorca era un territori vassall del rei de Catalunya-Aragó: *«Quan el dèspota barceloní trencà els tractats i convinences que tenia amb els musulmans d'al-Andalus, els foragità de la terra llur i els llevà llur riquesa, com succeí a Xàtiva i altres llocs, [Sa^cîd ibn Hakam] —Déu l'ajudi— convocà la gent de l'illa de Menorca —Déu l'envolti amb el seu favor—, tant de la ciutat com del camp, perquè li renovessin el jurament de fidelitat i l'acceptació dels pactes i convinences que els obligaven. I tots ho feren prest, àdhuc els ancians escarromiats amb llurs torts: ceguesa, coixària, poca manya, i no s'endarrerí cap criatura de Déu. Tothom s'afanyà en acudir i en donar-li el jurament i la fe com a "ulema", així com el lliurament de la voluntat pròpia al seu govern, car a ningú se li ocultava la puritat del seu amor per ells i la seva afecció sense barreja. Meravella de les meravelles! Déu el recompensi per la sinceritat del seu amor i la seva vinculació envers la Frontera».*[67]

Abû Ya^cfar era un titella en mans dels castellans, lliurat per complet a l'autoritat de l'*adelantado* Alfonso García de Villamayor, autèntic governador i cap militar del territori. Muhammad, fill i substitut d'Abû Ya^cfar, continuaria una política idèntica a la del seu pare, totalment supeditada també als interessos castellans.

Al-Wâthiq encapçalà, d'antuvi, la revolta a Múrcia; de seguida, aquesta es propagà per tot el territori. Els rebels aviat controlaren la capital i les viles del regne que mancaven de guarnicions castellanes. Tanmateix, els efectius militars dels rebels són insuficients per a poder resistir amb alguna perspectiva d'èxit la imminent reacció castellana. Cal confiar en l'ajut del soldà granadí, qui envià el rais de Màlaga, Abû Muhammad ^cAbd Al·lâh ibn Escaiola, en ajut d'al-Wâthiq. Altrament, no creiem que sigui correcta la interpretació de J. Torres Fontes i Ángel Luis Mo-

67. M.J. RUBIERA MATA, *La corte literaria de Sa^cîd de Menorca (s. XIII)*, p. 121.

lina, que creuen que el rais malagueny acudí a Múrcia com a governador d'Ibn al-Ahmar.[68] Aquesta lectura dels esdeveniments, la recull J. Torres Fontes d'Ibn Idhârî[69] i de Mariano Gaspar Remiro, qui a la seva *Historia de Murcia musulmana* diu: «*...lo cierto es que, al decir de los citados autores, continuó Aluátec* (al-Wâthiq) *reinando, roto el vasallaje á Castilla, hasta que, apretado cada vez más por las tropas de Alfonso y de don Jaime, proclamó la soberanía del rey de Granada Abenalahmar* (Ibn al-Ahmar), *pidiéndole que le enviase auxilios. Envió Abenalahmar en defensa de Murcia algunas tropas al mando de su caudillo Abdála* (Abû Muhammad ᶜAbd Al·lâh), *hijo d'Alí* (ᶜAlî), *Abenesquilula* (Ibn Axqîlûla o Escaiola), *a quien fue entregado el Gobierno de la ciudad, y se hizo en ella la oración á nombre del rey de Granada...*».[70]

Nogensmenys, hi ha un aspecte de la historiografia clàssica que no quadra. Recordem que Ibn al-Ahmar fou un feroç opositor a la política d'Ibn Hûd al-Mutawakkil ᶜalà Al·lâh, pare d'al-Wâthiq. Aquesta oposició, si bé encimbellà Ibn al-Ahmar al tron de Granada, per altra banda contribuí a la ruïna de la Bètica i a la mort del cabdill murcià que havia encapçalat la revolució contra els almohades. La caiguda d'Ibn Hûd al-Mutawakkil ᶜalà Al·lâh provocà el desprestigi de la dinastia hudita, que àdhuc es veuria desplaçada de Múrcia, amb l'adveniment d'Ibn Khattâb el 1238. A partir d'aleshores, cal suposar que al-Wâthiq encapçalaria el partit legitimista, contrari a Ibn Khattâb i a la branca hudita que s'apoderaria del govern de Múrcia després de l'interval de l'exrei de València, Zayyân ibn Mardanîx. Com a membre d'aquest partit legitimista i contrari a la negociació amb els castellans, Abû Bakr Muhammad ibn Yûsuf ibn Hûd al-Wâthiq

68. J. TORRES FONTES i Á.L. MOLINA, *Murcia castellana*, p. 313.

69. J. TORRES FONTES, *La reconquista de Murcia...*, p. 83. La cita d'Ibn idhârî, l'extrau d'A. HUICI MIRANDA, *Colección de crónicas árabes de la Reconquista*, III, Tetuan, 1954, p. 287.

70. Mariano GASPAR REMIRO, *Historia de Murcia musulmana*, p. 301.

bi-l·lâh, el mateix que altres caps andalusins, entraria en negociacions amb Ibn al-Ahmar per tal de preparar la guerra contra els castellans: «...*los reyes moros del reyno de Murcia e de todos los otros lugares que el avía ganado, ovieron fabla de consuno, e enviaron sus mandaderos a Aben Alhamar*...».[71] Pot ser que el lideratge del granadí fos reconegut, però, en qualsevol dels casos, això no suposà el lliurament de Múrcia a Ibn al-Ahmar. Així, doncs, com també creu A. Ballesteros Beretta,[72] Múrcia s'alià amb Granada en la gran coalició mudèjar formada per a lluitar contra l'opressió castellana, però continuà fidel a al-Wâthiq.

Cal assenyalar que al-Wâthiq, al contrari que el seu pare, no gaudia de reputació com a militar. Quan assolí per primera vegada el poder a Múrcia, era menor d'edat i el govern l'exercí un oncle seu, ᶜAlî ibn Yûsuf *ᶜAdûd ad-Dawla*.[73] La greu situació que patia el soldanat requeria de la intervenció d'homes experimentats que aportessin solucions, i heus ací la causa del cop d'estat que el derrocà als set mesos de traspassar el seu pare. En canvi, els Banû Axqîlûla o Escaiola, eren braus guerrers de frontera, que havien forjat el seu prestigi amb els Banû-l-Ahmar i, a hores d'ara, constituïen la cúpula de l'exèrcit granadí. Així, doncs, el que necessitava Múrcia eren soldats, i això era el que li proporcionaria Ibn al-Ahmar amb l'enviament del governador de Màlaga. Per altra banda, és il·lògic, en una personalitat tan subtil i astuta com la d'Ibn al-Ahmar, que pensés en destronar el seu aliat, quan això, si més no, podria haver aixecat suspicàcies entre els murcians i, fins i tot, provocar alguna important dissensió, en un moment en què calia dirigir contra Castella tot l'esforç bèl·lic de Granada i la coalició mudèjar.

71. *Crónica del rey Don Alfonso Décimo*, c. 10.
72. A. Ballesteros Beretta, *Alfonso X el Sabio*, pp. 396-397.
73. Ibn al-Abbâr, *Hul·la as-siyarâ'*, a cura de H. Mu'nis, 2 vols., El Caire, 1963, II, p. 310.

Per tant, s'ha prendre el testimoni d'Ibn Idhârî amb certes reserves, ja que el fet que Ibn al-Ahmar fos el principal representant de la rebel·lió mudèjar, i com a tal, l'interlocutor de la causa andalusí davant el soldà marínida del Marroc, podria haver fet creure l'historiador de Marràqueix que el nassarita era el sobirà de tot al-Andalus, reconegut per totes les faccions del país. Per altra banda, un altre fet que relata Ibn Idhârî ens fa dubtar del seu testimoni, ja que diu que, davant un primer setge cristià, el governador de Múrcia, Abû Muhammad ᶜAbd Al-lâh ibn Escaiola, s'afligí tant que optà per fugir de la plaça, abandonant els murcians a la seva sort. Suposem que es refereix a la defecció dels Banû Escaiola; però aquesta no fou fruit d'un atac cristià, sinó d'una negociació entre Alfons X i els caps de la família àrab dissident. No obstant això, és possible que les negociacions entre els castellans i Abû Muhammad ᶜAbd Al·lâh, que era el cap del clan, fossin realitzades durant aquest atac armat a la capital murciana, motiu pel qual l'Escaiola desempararia Múrcia i acudiria a Màlaga per a encapçalar el moviment dissident contra Ibn al-Ahmar.

Les successives derrotes dels granadins obligaren Ibn al-Ahmar a cercar una entesa amb els castellans. De més a més, la rebel·lió dels governadors de Màlaga i Guadix l'empenyien a trobar una solució al més aviat possible. Un temps més tard, les destructives campanyes del rei de Castella sobre l'horta granadina, en juny de 1265, compel·liren Ibn al-Ahmar a sol·licitar una treva. Alfons X acceptà d'entrevistar-se amb el granadí, i es reuniren tots dos als afores d'Alcalá de Benzaide (actualment: Alcalá la Real), segons Ballesteros, entre finals d'agost i començaments de setembre del 1265.[74]

El pacte resultant d'Alcalá de Benzaide suposà la fi de les hostilitats entre el castellà i el granadí; altrament, també suposà la fi del regne musulmà de Múrcia. Ibn al-Ahmar es comprome-

74. A. Ballesteros Beretta, *Alfonso X el Sabio*, p. 386.

té a deixar d'acórrer els moros murcians i el seu cabdill al-Wâthiq, el qual veient el tombant que prenien els esdeveniments decidí d'acollir-s'hi. Sobre això, hem de dir que l'interès d'Ibn al-Ahmar envers els seu aliat ens demostra que no el destronà i que sempre el reconegué com a sobirà de Múrcia. De no ésser així, no s'entén pas el testimoni que reflecteix la crònica d'Alfons X: *«E seyendo los pleytos firmados, el rey de Granada pidió merced al rey don Alfonso mucho afincadamente, que desque cobrase el reino de Murcia, que non matase á Alboaquiz».*[75] Al-Wâthiq, trobant-se desemparat, optà per demanar mercè al rei de Castella, tal i com ho havia negociat el seu aliat granadí: *«E Alboaquiz, que era rey de Murcia, desque sopo que el rey de Granada le avía desamparado e que amos los reyes venían con grandes huestes contra él, e otrosí porque sopo que el rey don Alfonso lo había asegurado de muerte, vínose para él a ponerse en la su merced, e llegó a él a Sant Esteban del Puerto* (actualment: Santisteban del Puerto)».[76] Segons Ballesteros, la submissió del rei de Múrcia es produí a l'octubre o primers de novembre del 1265,[77] i, finalment, el rei castellà l'heretà entre cristians: *«...e despuso del rey Alboaquiz, e non lo quiso matar por el prometimiento que le avía fecho e mandó que morase entre los cristianos, e dióle rentas ciertas en que se mantoviese».*[78] Mentrestant, Múrcia s'havia quedat sense cap, però no totalment desemparada.

Malgrat el cessament d'hostilitats, ambdues parts no abandonaren els seus respectius aliats: els Escaiola continuaren rebent l'ajut castellà tot i el compromís subscrit a Alcalà de Benzaide, i Ibn al-Ahmar continuà col·laborant de manera encoberta amb els rebels murcians, que encara es mantenien fidels als principis que havien motivat l'aixecament armat contra Castella. Un

75. *Crónica del rey Don Alfonso décimo*, c. 15.
76. *Ibídem*.
77. A. BALLESTEROS BERETTA, *Alfonso X el Sabio*, p. 387.
78. Vegeu nota 71.

representant del monarca granadí, sense títol oficial, prosseguia exercint el comandament dels contingents militars que continuaven ocupant l'alcàsser de la capital i els altres castells sota domini musulmà, mentre la ciutat i el camp es governava pel sistema de consells de vells o notables (de l'àrab *xuyûkh*, plural de *xaykh*) de l'aljama o comunitat musulmana.[79] Aquesta era la situació del resistent regne murcià quan els catalans entren en acció per retornar-lo a l'obediència castellana.

Els contingents africans

Des de l'inici de les hostilitats, la presència de contingents berbers, els «voluntaris de la fe», és important en les files de l'exèrcit nassarita. Aquestes forces nord-africanes esdevindrien la columna vertebral de l'exèrcit granadí, reforçades per les tropes andalusines, que en aquesta època estaven controlades per la família dels Banû Escaiola.

Les milícies nord-africanes, principalment membres de la tribu Zanâta, acudiren en gran nombre a la península a la crida de Muhammad I de Granada. Un primer contingent de tropes passà l'estret sota el comandament d'Abû Tâbit ᶜÂmir ibn Idrîs i Muhammad ibn Idrîs. Els Banû Idrîs s'havien aixecat en armes a Qasr-Ketama l'any 663 (1264-1265), en suport dels drets de llur cosí Yaᶜqûb ibn ᶜAbd Al·lâh, contra el soldà marínida Abû Yûsuf Yaᶜqub. Yaᶜqûb ibn ᶜAbd Al·lâh havia estat governador de Salé i havia afavorit la conquesta d'aquesta ciutat del Magrib *al-Aqsà*

79. Sobre aquesta forma de govern comunitari, vegeu el treball de P. BONASSIE i P. GUICHARD, *Les communautés rurales en Catalogne et dans le Pays Valencien (IXe-milieu XIVe siecle)*, «Flaran 4: les communautés villageoises en Europe occidental du Moyen Âge aux Temps Modernes», 1982, pp. 93-114. Ha estat traduït al castellà, al llibre de P. GUICHARD, *Las comunidades rurales en el País Valenciano (siglos XI-XIV)*, *Estudios sobre historia medieval*, València, 1987, pp. 237-264.

per Alfons X de Castella. El soldà marínida forçà els insurrectes a retirar-se a la regió muntanyenca de Gumâra i, després de vençuda la rebel·liò, instà els cabdills idríssides a realitzar la guerra santa a la Península Ibèrica. S'armà un important cos de voluntaris, que en nombre de 3.000 s'adreçaren a l'altra banda de l'estret, essent rebuts a Tarifa amb honor per Muhammad I ibn al-Ahmar.[80]

Pel que fa a l'etimologia del mot *ghâzî* (*guzâ*, en plural), és un participi actiu que el baró de Slane tradueix per *volontaire de la foi*. Sembla que des dels primers temps de l'islam designà tots aquells que participaven en un atac o *gazwa* dirigit contra els no creients. Aviat, el terme assolí un sentit honorífic, donat als que més s'havien distingit en aquestes escomeses. Més endavant, àdhuc, fou adoptat com a títol de sobirania pels emirs d'Anatòlia i els primers soldans otomans. A la Península Ibèrica, ja des del segle XI designava els combatents que procedien del nord d'Àfrica i es dirigien a la Frontera (*ath-Thaghr*) a realitzar el *jihâd* o guerra santa. Així mateix, dins de l'estructura jeràrquica dels almohades, els *guzâ* eren un dels grups inferiors.[81] Els caps d'aquests contingents eren els *xuyûkh al-guzâ* (*xaykh al-guzâ*, en singular), que assolirien una important posició a l'emirat nassarita. Aquests seran els soldats que, com veurem més endavant, trobarà Jaume I davant Alhama, i els que, possiblement, compondrien la guarnició de l'*al-Qasr al-Kabîr* de Múrcia a l'arribada de l'exèrcit català.

Els Banû Escaiola

M.J. Rubiera afirma que l'etimologia del nom d'aquesta família granadina és l'ètim llatí *scandula*, d'on les llengües romà-

80. IBN KHALDÛN, *Histoire des berbères*, IV, pp. 460-462.
81. M.A. MANZANO RODRÍGUEZ, *La intervención de los benimerines en la Península Ibèrica*, pp. 321-323.

niques peninsulars derivarien els seus respectius mots: *escaiola* en català, *escallola* en castellà, *escalhola* en galaicoportuguès, *escalla* en aragonès.[82] Així, doncs, es tractaria d'una família d'orígen hispànic, com revela el seu cognom, que, arabitzat i per la manca de vocals de l'alfabet àrab, els estudiosos moderns han transcrit per *Axqîlûla*.

Abû-l-Hasan ᶜAlî ibn Escaiola (Axqîlûla) at-Tujibî era company i parent d'Ibn al-Ahmar d'Arjona. Era l'home de confiança del cabdill nassarita i comandava el *jund* granadí, o forces militars reclutades al reialme de Granada.[83] Amb l'adveniment de Muhammad I ibn al-Ahmar, Abû-l-Hasan ᶜAlî continuarà encapçalant el *jund* amb el títol de *ra'îs*, i els seus fills, Abû Ishâq Ibrâhîm i Abû Muhammad ᶜAbd Al·lâh, contrauran matrimoni amb les filles del sobirà nassarita, la qual cosa els donà drets sobre la successió del regne, car Muhammad I no havia nomenat successor.

En traspassar Abû-l-Hasan ᶜAlî, Muhammad I nomena cap del *jund* Abû Ishâq Ibrâhîm, fill major, que exercia el càrrec de governador de Comares. El 1257, nomena *wâlî* de Màlaga Abû Muhammad ᶜAbd Al·lâh, com a substitut del finat Ismâᶜîl ibn Nasr, germà del soldà. Tanmateix, el nomenament dels fills d'Ibn al-Ahmar, Muhammad i Yûsuf, com a successors del seu pare, provocarà els primers moments de tensió entre els Banû Nasr i els Banû Escaiola.

No obstant això, sembla que, com opina A. Ballesteros[84] i reconeix M.J. Rubiera,[85] la tensió entre les dues grans famílies de Granada fou provocada per la presència dels contingents mi-

82. M.J. Rubiera Mata, *Els Banû Escallola, una dinastía que no fue*, p. 86.
83. El *jund* era el districte militar de l'Imperi omeia. L'exèrcit de Balx ibn Bixr que envaí al-Andalus el 741 pertanyia al *jund* de Síria. A la Granada nassarita, el *jund* fa referència als efectius militar autòctons, o sia, reclutats al territori andalusí controlat per l'emir de Granada.
84. A. Ballesteros Beretta, *Alfonso X el Sabio*, p. 379.
85. M.J. Rubiera Mata, *Los Banû Escallola, una dinastía que no fue*, p. 89.

litars nord-africans, que reduïen a un segon pla la influència dels Banû Escaiola al soldanat. Els caps Escaioles, que confiaven en el seu ascendent tradicional sobre el sobirà nassarita, no suportaren les preferències que mostrava el soldà pels nouvinguts nord-africans, els quals rebien els favors del sobirà i eren millor pagats. Heus ací el que manifesta la crònica d'Alfons X sobre aquest afer: *«...pero grand daño se siguió de la su venida al rey de Granada, ca él por los honrar aventajábalos en todas las cosas, e por los tener más pagados dábales muy grandes soldadas, e lo que avía de dar a los suyos dábalo a ellos. E el arrayaz de Málaga e el arrayaz de Guadix veyendo esto, fablaron con el Rey que non quisiese perder los suyos por los extraños, e el Rey dióles mala respuesta, de que ellos fueron muy despagados. E por esto buscaron manera commo los destruyesen...».*[86] Aquest succés, segons la crònica d'Alfons X, ocorregué l'any 1263, o sia, abans que Ibn al-Ahmar iniciés les hostilitats i enviés Abû Muhammad ᶜAbd Al·lâh a Múrcia en ajut d'al-Wâthiq. Així, doncs, si creiem la crònica d'Alfons X, la rancúnia dels Banû Escaiola ja venia de lluny i esclatà en el moment menys apropiat per a la causa nassarita.

Efectivament, l'any següent els Banû Escaiola entraven en negociacions amb Alfons X i obrien un front interior en territori granadí, front que havia de resultar fatal per a les pretensions d'Ibn al-Ahmar, obligat a capitular: *«...vinieron mandaderos de los arrayaces de Málaga y Guadix, que eran en el reyno de Granada muy poderosos, e dijeron al Rey que fuese la su merced de ayudar e amparar aquellos arrayaces, e que ellos avían villas e castillos e muchos caballeros con que farían servicio al rey don Alfonso contra el rey de Granada...».*[87] Cap al mes d'abril del 1265, Nuño González de Lara, el *Cuervo Andaluz*, penetrava amb mil cavallers en ajut dels nous aliats d'Alfons X.

86. *Crónica del rey Don Alfonso décimo*, c. 13.
87. *Ibídem*, c. 15.

Per altra banda, cal citar un curiós afer que, potser, ajudà decisivament en el desenvolupament de les negociacions entre la cort castellana i els Escaioles. Ens estem referint al cas de la joglaressa María Pérez, de malnom la Balteira, soldadera veterana i coneguda a tot arreu de Castella, protagonista de les composicions dels trovadors de l'època. En una tençó galaicoportuguesa entre Pedro Amigo i Vasco Pérez Pardal s'al·ludeix a una relació entre «fi d'Escalhola» i la cèlebre barjaula: *«Pedr'Amigo, sei-m'eu esto mui ben: / que Balteira nunca ome soltou; / e vi-lhe'eu muitos que escomungou, / que lhe peitaron grand'algo poren, / que os soltass', e direi-vos eu al: / fi-d'Escalhola non a poder tal / per que solt', ergo se us presos que ten».*[88] El passatge de la tençó, doncs, ens indica que la Balteira ha seduït un Escaiola, que M.J. Rubiera identifica amb Abû Muhammad ᶜAbd Al·lâh,[89] o sia, l'excap de les forces granadines de Múrcia, ja que és en aquest moment el cap de la família. R. Menéndez Pidal creu que l'amor de la soldadera fou una eina en mans d'Alfons el Savi per eliminar les diferències amb el rais malagueny.[90] Tanmateix, Ballesteros Beretta va més enllà, ja que creu que la Balteira participà en l'ambaixada que Alfons X envià a Màlaga, encara que no indica quan es produí.[91]

88. *Cantigas d'escarnho e de maldezir dos Cancioneiros medivais galego-portugueses*, edició a cura de Manuel Rodríguez Lapa, Vigo, 1970, pp. 620-621.
89. M.J. RUBIERA MATA, *Los Banû Escallola, una dinastía granadina que no fue*, p. 90.
90. R. MENÉNDEZ PIDAL, *Poesía juglaresca y juglares. Aspectos de la historia literaria y cultural de España*, Madrid, 1924, p. 224.
91. A. BALLESTEROS BERETTA, *Alfonso X el Sabio*, p. 381.

IV.
LA INTERVENCIÓ MILITAR DE JAUME I

Els drets de Jaume I sobre Múrcia

El tractat d'Almirra (abril del 1244) havia confirmat Múrcia com una conquesta castellana; d'aquesta manera es respectava l'esperit del tractat de Cazola (març de 1179). Tanmateix, no es pot negar que Jaume I es reservà certs drets sobre el reialme murcià, i heusací on podem trobar la predisposició del monarca catalanoaragonès en intervenir en aquest territori quan es rebel·là contra l'ocupació castellana.[92] Nogensmenys, malauradament, no ens ha pervingut cap testimoni documental de les cancelleries catalanoaragonesa i castellana que demostri l'existència de vincles entre el sobirà català i el regne de Múrcia.

Tanmateix, la *Crònica* de Ramon Muntaner ens suggereix l'existència d'aquests lligams. Tot i que cal sotmetre a crítica les afirmacions de Muntaner, no es poden pas obviar pel suposat partidisme de l'historiador empordanès, que viu a prop la querella dels darrers anys del segle XIII entre les corones castellana

92. Aquesta qüestió, ja l'hem tractada en altre lloc: J.-D. GARRIDO I VALLS, *La marca septentrional del reialme mudèjar de Múrcia, territori d'equilibri entre Castella i la Corona d'Aragó*, «XV Congreso de Historia de la Corona de Aragón» (Jaca, 1993), Saragossa, 1997, II, 1.

i catalanoaragonesa per la possessió de Múrcia. El relat de Ramon Muntaner s'adiu amb els esdeveniments de l'època i amb la reivindicació, ja de temps de Ramon Berenguer I, d'intervenció dels comtes del Barcelona al sud valencià i Múrcia.

Muntaner afirma que el territori que inclou les poblacions d'Alacant, Elx, la vall d'Elda i Novelda, Asp, Petrer, Crevillent, Favanella, Callosa de Segura, Oriola, Guardamar i tota la terra que hi ha fins a Montagut i Cartagena pertanyia a la conquesta catalanoaragonesa.[93] Això era així perquè, temps enrere, Jaume I havia acordat la cessió de la part que li pertocava del regne murcià, com a dot que la seva filla Constança havia aportat al matrimoni amb l'infant Manuel, fill de Ferran III de Castella. L'infanta catalana morí sense fills, però, el territori es mantingué sota la senyoria de l'infant Manuel i dins de les fronteres de Castella, per la bona disposició de Jaume I envers els castellans. El cronista de Peralada ens ho narra de la següent manera: *«...ço qui era de sa conquesta, que el senyor rei En Jacme* [Jaume I], *son avi, havia donat en dot, ab una sua filla, a don Manuel, frare del rei don Alfonso de Castella. E puis aquella dona morí sens infants, e la terra devia tornar al senyor rei d'Aragó; e per la gran amistat que el rei En Jacme havia ab lo rei don Alfonso, son gendre, e ab l'infant En Manuel, qui així mateix era estat son gendre, lleixà-ho tenir a don Manuel...».*[94]

Aquestes convinences matrimonials tingueren lloc en temps de l'expansió catalanoaragonesa per les terres meridionals valencianes i al moment crític de l'encontre de les avantguardes de Catalunya-Aragó i Castella. Segons J. Zurita aquesta unió fou celebrada a Valladolid el novembre del 1246.[95] En canvi, Bernar-

93. R. MUNTANER, *Crònica*, cc. 12, 17 i 188. Hem utilitzat l'edició a cura de Ferran Soldevila a *Les Quatre Grans Cròniques*, Barcelona, 1983.

94. R. MUNTANER, *Crònica*, c. 245.

95. J. ZURITA, *Indices rerum ab Aragoniae regibus gestarum*, editats per André Schott a *Hispaniae illustrate seu rerum urbicumque Hispaniae, Lusitaniae, Aethiopiae et Indiae scriptores varii. Partim editi nunc primum, partim aucti et emendati*, 4 vols., Frankfurt am Main, 1603-1608, III, índex de l'any 1246.

dino Gómez Miedes estableix la data de les noces amb posterioritat a la presa d'Alzira,[96] esdevinguda el 30 de desembre del 1242. Charles de Tourtoulon creu que les noces quedarien concertades el 1240, però que no se celebrarien fins al 1246, a causa de la curta edat de totes dues infantes.[97] Així, doncs, com a resultat del clima d'entesa entre les dues corones, és possible que Jaume I decidís cedir el territori de l'actual sud del País Valencià als castellans, com a part de la dot d'una de les seves filles, sense renunciar, però, del tot senceramert. Així, aquest territori restaria com una mena de garantia enfront de possibles litigis entre catalanoaragonesos i castellans, com es demostraria en el frustrat intent d'Alfons X d'emparar-se de Xàtiva.

Cal tenir en compte que Xàtiva, en el moment de la conquesta, legalment era dins l'àmbit de la jurisdicció murciana, car quan s'entronitzà Zayyân ibn Mardanix a València, el seu governador, Abû-l-Husayn Ahmad ibn ᶜIsà, abraçà la causa d'Ibn Hûd al-Mutawakkil ᶜalà Al·lâh. A partir d'aleshores, els habitants de Xàtiva, el mateix que els d'Alzira i Dénia, s'adreçarien al sobirà murcià per demanar ajut enfront de les agressions de les hosts de Jaume I; i és per això que Ibn Hûd al-Mutawakkil ᶜalà Al·lâh intentà negociar la pau amb el rei català. El governador de Xàtiva, Ibn ᶜIsà, seria nomenat *taqdîm*, càrrec que E. Molina identifica amb l'*adelantado* castellà.[98] Nogensmenys, el cop d'estat d'ᶜAzîz ibn Khattâb d'agost del 1238 no seria reconegut per les poblacions valencianes, que a partir d'aleshores mantingueren una precària independència, atabuixades per la pressió catalanoaragonesa, tot i les constants crides realitzades per Ibn Khattâb, i després Zayyân ibn Mardanîx, perquè els reconegueren. Així,

96. B. GÓMEZ MIEDES, *La historia del muy alto e invencible rey don Jayme de Aragón, primero deste nombre llamado el Conquistador*, València, 1584, p. 304.

97. Ch. DE TOURTOULON, *Don Jaime I el Conquistador, rey de Aragón, conde de Barcelona, senor de Montpeller*, 2 vols., València, 1874, II, p. 28.

98. E. MOLINA LÓPEZ, *Murcia en el marco histórico del segundo tercio del siglo XIII*, pp. 200 i 203.

doncs, Xàtiva podia haver estat considerada com a part del regne murcià pels castellans, que al·legarien aquesta raó per apoderar-se'n. Altrament, l'exemple de Xàtiva és revelador de la dificultat d'establir uns límits precisos entre els estats musulmans d'aleshores. Per tant, calia fer una delimitació més precisa i definir els territoris que entraven dins de la jurisdicció hipotèticament murciana, que és el que calgué realitzar a Almirra (1244). Abans, però, les negociacions matrimonials entre les dues corones cristianes que pressionaven la frontera murciana ajudaren a congelar la disputa, que esclataria definitivament a la fi del segle, amb la conquesta de tot el territori murcià pel nét del «Conqueridor», Jaume II «el Just».

Les pretensions catalanes sobre el sud valencià actual venien de llarg. ᶜAlî ibn Mujâhid, sobirà de la taifa de Dénia i Balears, havia establert correspondència amb Almodis, esposa del comte Ramon Berenguer I de Barcelona.[99] Possiblement com a conseqüència dels nombrosos contactes mantinguts entre Dénia i els comtats subjectes al casal de Barcelona, se signà un acord entre ᶜAlî ibn Mujâhid, també conegut pel sobrenom d'*Iqbâl ad-Dawla* «Prosperitat de l'Estat», i el bisbe de Barcelona Gislabert, que reconeixia la jurisdicció eclesiàstica barcelonina sobre els cristians del sud del País Valencià i les Illes, sotmesos a l'autoritat de l'emir de Dénia.[100] Segons el text de l'acord, considerat per algun autor una falsificació del s. XIII,[101] ᶜAlî ibn Mujâhid, que

99. F. Valls i Taberner, *Una carta de l'emir de Dénia Ali fill de Mugehid, a la comtessa Almodis de Barcelona*, «Recull de documents i estudis», I, Barcelona, 1923, pp. 214-215.

100. Sobre l'origen d'aquests cristians, M.J. Rubiera els considera «neomossàrabs», és a dir, cristians nouvinguts, per diverses raons: militars de la tropa del soldà, víctimes de les ràtzies i la pirateria, esclaus, comerciants, etc. L'acord s'establí per a satisfer les necessitats espirituals d'aquest col·lectiu. Vegeu *La taifa de Denia*, Alacant, 1988, pp. 101-104.

101. M. Barceló, *La qüestió dels documents d'un suposat acort entre ᶜAlî b. Mujâhid de Dâniya i el bisbe Guislabert de Barcelona*, «Revista del Instituto de Estudios Alicantinos», 39, Alacant, 1983, pp. 7-29.

apareix amb el títol de duc de Dénia i les Illes Balears, amb el consentiment dels seus fills i dels notables del regne, lliurava, a la seu de la Santa Creu i Santa Eulàlia de Barcelona i al seu bisbe Gislabert, el bisbat i totes les esglésies del reialme de Dénia i les Illes Balears, perquè a partir d'aleshores i a perpetuïtat, restessin sota la jurisdicció de la diòcesi de Barcelona. Així mateix, ordenava que tots els clergues, preveres i diocesans que habitaven el seu reialme, no s'atrevissin, en el futur, a demanar a cap altre bisbe ni orde, ni la consagració del crisma ni el servei de qualsevol càrrec eclesiàstic, sinó al bisbe de Barcelona i a qui aquest encomani. Aquest document és un curiós trasllat autentificat a Barcelona, el 18 de novembre del 1058, per bisbes i notaris, d'un document anterior, que apareix primerament resumit i glossat, i després literalment transcrit en la seva versió llatina, sense data clara i amb una llarga i imprecisa confirmació en àrab, datada al mes de *xawwâl* de l'any 440 de l'hègira (desembre del 1057).[102]

Més endavant, l'expedició catalanopisana contra Mallorca (1115), dirigida per Ramon Berenguer III, ens demostra una vegada més la voluntat del casal barceloní per dominar l'antic reialme insular de Mujâhid. A la campanya, hi participà directament el bisbe de Barcelona, Ramon Guillem, qui trobà la mort en l'empresa. La presència activa del cap de la diòcesi barcelonina, cal veure-la, més enllà del pacte feudal, com a reclamadora d'uns drets que la comprometien totalment en la campanya. L'esforç no fou debades: el papa Alexandre III, en la butlla confirmatòria de les possessions de l'església de Barcelona, adreçada el 1169 al bisbe d'aleshores, Guillem de Torroja, inclou les

102. ACB (Arxiu de la Catedral de Barcelona), *Llibre d'Antiguitats*, p. 5. Miquel Barceló publicà el document a l'article abans comentat, a partir de la còpia conservada en aquest arxiu, però tenint en compte també la guardada a l'Arxiu Secret Vaticà, de la qual ja donà notícia R. CHABÀS, *La ciudad de Denia (bosquejo histórico)*, «El Archivo», 48, Dénia, març del 1887 (facs.: l'Institut d'Estudis «Juan Gil-Albert», Alacant, 1985), I, pp. 377-388.

Illes: «*Ecclesiae Barchinonensis patrocinium suscipit et possessiones, in his insulas duas, Maioricam et Minoricam, sicut antiquis temporibus eandem ecclesiam constat tenuisse, petente Guillelmo episcopo confirmat*».[103]

Tanmateix, ni Ramon Berenguer III ni els seus aliats pensaren consolidar la conquesta, concebuda des de l'inici com una expedició de saqueig i de represàlia contra les escomeses piràtiques dels sarraïns mallorquins. En tot cas, si el comte de Barcelona hagués desitjat conservar la conquesta, l'hauria d'haver compartit amb els pisans, als quals el pontífex, Gregori VII, havia concedit les Balears el 1085. Altrament, cal tenir en compte que aleshores Catalunya no disposava del potencial demogràfic, econòmic i militar per a conservar Mallorca. L'Imperi almoràvit estava a l'aguait i al-Andalus encara tenia el vigor necessari per a resistir les escomeses dels regnes cristians del nord peninsular. En efecte, mentre Ramon Berenguer III iniciava el setge de Madîna Mallorca, els almoràvits aprofitaren l'ocasió per organitzar una ràtzia contra el comtat barceloní.[104]

Finalment, les pretensions del bisbat barceloní quallaren en època del rei Jaume I, per la donació que el monarca realitzà de les esglésies de Mallorca, Menorca, Eivissa, Dénia i Oriola a la seu de Barcelona. Miquel Barceló creu que el document d'ᶜAlî ibn Mujâhid de Dénia era una falsificació, d'aquesta època, per tal d'avalar els pretesos drets de la seu de Barcelona sobre aquests territoris. Nogensmenys, tot i admetent que sigui una falsificació, confirma l'interès català d'expandir-se per la façana oriental de la Península Ibèrica, que més endavant ratificarà Jaume I.

103. P. JAFFÉ, *Regesta Pontificium Romanorum ab condita ecclesia ad annum post Christum natum MCXCVIII*, segona edició corregida i augmentada a cura de W. Wattenbach, Leipzig, 1888, núm. 11.624.

104. A. ROVIRA I VIRGILI, *Història Nacional de Catalunya*, IV, Barcelona, 1924, pp. 29-30.

El document de la cancelleria de Jaume I, datat el 30 de desembre de 1228, no seria important per al propòsit d'aquest treball si no fos perquè esmenta concretament Oriola com a part d'aquell territori hereu de la taifa *ᶜamirí* que fundara Mujâhid a Dénia: «*Damus domino Deo, et barchinonensi ecclesie, et vobis venerabili patri B. Dei gracia eiusdem sedis episcopo, omnibusque succesoribus vestris in perpetuum in omnibus supradictis insulis maioricarum scilicet minoricharum atque Evice et in omnibus aliis balearibus insulis, in urbe etiam? Denie a... in Oriola, omnes ecclesias cum primiciis oblacionibus...*». Aquest document és anterior a la conquesta de Mallorca pels catalans i, a parer de Josep de Peray, qui l'editá a partir de la còpia conservada a l'Arxiu Diocesà de Barcelona, confirma el desig del rei català d'arribar a Múrcia.[105]

L'esmentat document, expedit adés de les corts catalanes del 1228, que decidiren la conquesta de Mallorca, ja no és l'ingenu privilegi del cap *ᶜamirí* de Dénia, ni tampoc una falsificació pretensiosa dels prelats de Barcelona. Aquest privilegi, emanat de la cancelleria règia, és un vincle jurídic perfecte, d'una concessió plena, solemne i irrevocable, que atorga el rei Jaume I a la seu del bisbe Berenguer de Palou. Hi hauria la possibilitat que l'esment de Dénia i Oriola fos un afegitó per a legitimar la concessió en record del reialme d'ᶜAlî ibn Mujâhid. No obstant això, la reivindicació de les terres del sud valencià resta ben palesa, la qual cosa denota unes pretensions que ultrapassen el marc merament religiós. Arran d'això ningú no pot pas negar que Múrcia era cobejada per la dinastia barcelonina com a part de la seva expansió territorial. Recordem que la conquesta de Mallorca i l'encara incipient presència a Occitània feien del rei de Catalunya-Aragó un dels més poderosos monarques d'Occident. A

105. No indica, però, la referència arxivística del document. Vegeu J. DE PERAY I MARCH, *Un documento inédito de D. Jaime el Conquistador. La concesión a la Sede barcelonesa de las iglesias de Mallorca, Menorca, Ibiza, Denia y Orihuela*, «I Congrés d'Història de la Corona d'Aragó», I, pp. 444-456.

finals de la dècada dels vint del segle XIII la confederació catalanoaragonesa ja havia superat la crisi política derivada del desastre de Muret (1213). Jaume I donava les primeres passes envers la creació d'un estat «nacional» que trenqués amb els entrebancs feudals i preparava el camí de l'expansió catalana per la Mediterrània; recordem que les Corts de Barcelona de desembre del 1228 són les primeres on participen, d'una manera positiva i convincent, els membres del braç popular o reial. En aquests moments els castellans encara no havien iniciat el definitiu avanç per la Bètica. Així, doncs, cal pensar que les ambicions es mantenien intactes, i només un compromís polític de gran envergadura obligà Jaume I a cedir, a Almirra (1244); una penyora difícil de pair que faria de Múrcia l'assignatura pendent de la monarquia catalanoaragonesa.

La primera fase de l'expedició: els preparatius i l'arribada a Alacant

Bernat Desclot descriu la demanda d'ajut que fa Alfons X de Castella al seu sogre, Jaume I de Catalunya-Aragó:

«E quan lo rei de Castella hac açò entès, que Múrcia s'era alçada e tota la terra tro en lo regne de València, qui és del rei d'Aragó, viu que altre consell no hi podia donar (tant havia afer en la guerra que havia ab los sarraïs d'aquella part vers Xivília), tramès missatges molt honrats al rei d'Aragó que ell lo pregava així com a pare que li ajudàs de la guerra dels sarraïs d'aquella part vers ell, e majerment del regne de Múrcia, que s'era alçat contra ell, que li ajudàs a cobrar.»[106]

La incapacitat del monarca castellà per a sufocar la revolta murciana era evident; enfeinats en el manteniment del front andalús, els castellans no podien fer res per sotmetre Múrcia, reforçada amb contingents granadins. Encara que en alguns indrets,

106. B. DESCLOT, *Crònica*, c. 65.

REGNE MUDÈJAR DE MÚRCIA (1264-1266)

com Lorca, Oriola, Crevillent, Almansa, Alacant i altres, la rebel·lió havia fracassat, els castellans s'havien de limitar a romandre en llurs posicions, incapaços d'anar més enllà militarment.

El *Llibre dels Fets* ens explica que essent el rei Jaume I a Sixena (l'actual Villanueva de Sigena, a l'Aragó), en una data que podem suposar molt propera al 20 de juny de 1264, rebé la notícia que la seva filla i reina de Castella era a Osca; immediatament, el rei es traslladà a Granyén, on acollí Bertran de Vilanova, missatger de la seva filla, cavaller que més endavant intervindria en el repartiment de Múrcia, on seria recompensat de forma molt generosa, el qual li lliurà les cartes de la reina de Castella, les quals deien: *«Que nós sabíem bé con ella nos amava molt, axí con a fiyla deu amar a pare bo e leyal, e que nós la havíem casada ab lo rey de Castela, qui és .I. dels pus alts hòmens e dels pus poderoses del món, e que havia entre fiyls e fiyles bé .VIII. o .IX. ja d'ell; per què·ns pregava, per Déu e per nostra conexença e per nostra valor, que nós no·l lexàssem deseretar e que y donàssem conseyl d'ajudar-los, que altre conseyl ne altre refugi no havia ella sinó lo nostre; que tota la terra per poch, de poca enfora, los havien los moros tolta, e que·ns pregava, con a pare e senyor en qui ella havia fiança e sa esperança, que nós que li ajudàssem, sí que ella no vis son marit ne sos fiyls deseretar en sos dies».*[107] Després de llegides les missives, el rei contestà al missatger que sotmetria la qüestió a la deliberació del seu consell, tot afegint, però, que la reina quedaria satisfeta de la resposta.

L'endemà, el monarca català reuní a Osca el seu consell, del qual formaven part el bisbe d'Osca, l'abat de Montaragó, Ferran Sanxes de Castre (fill natural de la relació del rei amb Blanca d'Antilló), Bernat Guillem d'Entença, Eixemèn Peres, Gonsalvo Peres i l'ardiaca de València. El rei es mostrà sempre decidit a auxiliar el seu gendre de forma altruista, malgrat l'actitud contrària dels membres del seu consell, que li recordaven els greu-

107. JAUME I, *Llibre dels Fets*, c. 379.

ges del rei de Castella i li aconsellaven d'aprofitar l'avinentesa per recobrar els castells i les viles, entre altres Requena, motiu de discòrdia entre tots dos monarques, per *«cobrar lo rey los torts que·l rey de Castella li fa»*.[108] Jaume I al·ludí tres raons fonamentals que justificaven l'ajut al seu gendre: una primera, per l'assistència que com a pare i avi devia a la seva filla i als seus néts; la segona, perquè, si no auxiliava el rei de Castella, aquest sempre li ho podria retreure; i la tercera, i potser la més important, pel perill que suposava per a la pau interior dels seus regnes la inestabilitat política derivada de la rebel·lió dels musulmans al regne de Múrcia. Per tot això, decideix a favor de l'ajut al rei de Castella, sense demanar res a canvi, i convocar seguidament corts a Catalunya i a Aragó amb l'única finalitat de demanar els subsidis per a poder realitzar l'empresa militar contra el sollevat reialme murcià.

Abans, però, que l'aixecament dels mudèjars provoqui la demanda d'auxili per part d'Alfons X de Castella, els catalans ja realitzaven expedicions marítimes de saqueig en territori andalusí. El 6 de febrer de 1264, el fill natural del rei, Pere Ferrandes (fill de Na Berenguera Ferrandes), és nomenat almirall d'un estol de galeres per combatre els musulmans.[109] Al maig, l'infant Pere també es disposà a la lluita i armà galeres per ordre del rei.[110]

Aquesta excessiva generositat de Jaume I envers el seu gendre castellà ensopegaria amb l'oposició dels seus barons, no gens disposats a intervenir en una empresa a benefici d'un rei estranger i rival. Els catalans, reunits a Barcelona en un primer mo-

108. JAUME I, *Llibre dels Fets*, c. 380.
109. ACA, r. 12, f. 142. Editat per Eduard GONZÁLEZ HURTEBISE, *Recull de documents inèdits del rei En Jaume I*, «I Congrés d'Història de la Corona d'Aragó», II, pp. 1181-1253, document 66; i, A. HUICI MIRANDA i M.D. CABANES PECOURT: *Documentos de Jaime I de Aragón*, 5 vols., València, 1976-1988, document 1381.
110. ACA, r. 13, f. 178v. Editat per E. GONZÁLEZ HURTEBISE, *Recull de documents...*, document 71; i HUICI-CABANES, *Documentos de Jaime I de Aragón*, document 323

ment, després d'una certa resistència acabaren per cedir i es prepararen per acompanyar llur rei en aquesta nova expedició de conquesta. El 23 de novembre del 1264, quan el monarca ja era a Lleida, les corts catalanes accediren a la petició reial de concessió del bovatge[111] per a sufragar l'empresa. Els aragonesos, en canvi, s'inhibiren totalment de l'afer; reunits en corts a Saragossa, les utilitzaren per a exposar les pròpies reivindicacions polítiques, entre altres la vigència del fur d'Aragó al reialme de València i la reannexió de la Ribagorça a Aragó. Es negaren a la concessió del bovatge, afirmant desconèixer què era; això provocà la resposta irada del rei, recollida al *Llibre dels Fets*, la qual inclou un cèlebre elogi a Catalunya: «*E, fe que devem a Déu, pus aquels de Cathalunya, que és lo meylor regne d'Espanya e·l pus honrat e·l pus noble (per ço car hi ha .IIII. comtes, ço és, lo comte d'Urgell e·l comte d'Ampúries e·l comte de Fois e·l comte de Paylàs, e ha-y richs hòmens, que per .I. que aquí n'aja* (a Aragó) *n'à .IIII. en Cathalunya, e per .I. cavaller n'à en Cathalunya .V., e per .I. clergue que ací aja là n'à .X., e per .I. ciutadà honrat n'à en Cathalunya .V.)*».[112] Els nobles aragonesos també acusaven el rei de no respectar el fur d'Aragó, reclamació relacionada amb la reivindicació nobiliria de retorn als antics furs, establerts a Sant Joan de la Penya i abolits per Ramon Berenguer IV. Sobre això, el rei En Jaume els respongué que ni ells sabien allò que demanaven ni ell podia respondre'ls res en concret, car jamai s'havia fet aital reclamació als seus avantpassats, fins que d'un temps ençà s'havia posat de moda la invocació de les velles tradicions del regne.[113] No li valgué de res, al monarca, intentar d'arribar a una entesa amb els esvalotats nobles aragonesos; fou també debades l'intent de mediació dels bisbes de Saragossa i Osca per la intransigència nobiliària. Els nobles respongueren amb concentracions a Alagó i Mallén: «*E,*

111. Tribut que a Catalunya percebia el rei sobre les parelles de bous i, en ocasions, sobre l'altre bestiar.
112. JAUME I, *Llibre dels Fets*, c. 392.
113. J.M. LACARRA, *Aragón en el pasado*, Madrid, 1979, p. 96.

feytes les jures en Saragoça escondudament e puys a Alagó, anaren a Maylén; e nós, a Calateyú».[114] El rei, davant la delicadesa de la situació, concentrà les seves hosts a Montsó. Fracassades les ambaixades, només restà la raó del més fort, obligant Jaume I a actuar amb contundència: destruí una força nobiliària a les rodalies de Montsó, prengué les Celles i reté Rafals i Pomar, forçant els nobles a cedir amb condicions.

Del succeït, podem inferir que Jaume I actuà d'una manera bastant eixelebrada, car l'ajut al rei de Castella li passava de moment una feixuga factura; la seva filantropia devers un rei estranger, encara que fos el seu gendre, portava la intranquil·litat i el descontentament als seus regnes. Com bé indicà Ferran Soldevila, *«[s]i Jaume I hagués estat un altre, posat que des del primer moment no hagués coincidit amb l'assenyat parer de Bernat Guillem d'Entença, que li aconsellava l'ajut al rei de Castella però amb reparacions de greuges i amb compensacions, ara, en la resistència dels aragonesos, hauria trobat un bon pretext i un motiu suficient per a demanar a Alfons X compensacions que els llevessin la causa de l'oposició i els menessin a seguir-lo en auxili del rei de Castella».*[115] Altrament, no va fer això, ans s'afanyà en reduir els nobles descontents, aconseguint si no la seva col·laboració, almenys sí una precària tranquil·litat, confirmada a les Corts aragoneses d'Eixea, convocades el 15 d'abril de 1265. La decisió de l'assemblea fou redactada en forma de fur, on el rei reconeixia importants concessions a la noblesa aragonesa:[116]

1. Els honors[117] restaven reservats per als naturals aragonesos.

114. JAUME I, *Llibre dels Fets*, c. 394.

115. F. SOLDEVILA, *Jaume I, Pere el Gran*, Barcelona, 1985, p. 29.

116. Sobre l'oposició nobiliària aragonesa, vegeu Ch. de TOURTOULON, *Don Jaime I el Conquistador*, II, pp. 266 275.

117. Els honors eren les rendes de les viles i els dominis importants, que el rei cedia als rics-homes, els quals, alhora, havien de distribuir entre llurs cavallers. L'honor obligava a sostenir un cavaller per cada cinc-cents sous de renda

2. Els rics-homes, cavallers i infançons[118] d'Aragó restaven eximits del pagament dels impostos d'herbatge i bovatge.[119]
3. Hom no podria mai procedir, judicialment, contra els nobles aragonesos per via d'inquisició.
4. El testimoni de dos cavallers, parents o no de la part interessada, seria suficient per a provar la condició de noblesa. El rei no tindria un altre recurs contra ells que provar que han estat perjurs. S'estableix la taxa de trenta sous per les cartes confirmatòries de noblesa.
5. El justícia d'Aragó, assistit pels rics-homes i cavallers que siguin a la cort i no formin part del procés, seria jutge dels plets civils i criminals entre el rei i els nobles, amb la participació del rei, dels rics-homes, cavallers i infançons, no interessats en l'afer.
6. Els infançons podrien adquirir béns immobles dels homes del rei, tot conservant llur franquícia.
7. El rei no podria concedir terres ni honors a fills nascuts de la reina.
8. Els nobles posseïdors de salines continuarien l'explotació segons els usos vigents fins a la data.
9. El ric-home que atorgués la cavalleria a una persona indigna hauria d'ésser privat del seu honor i, si no en té cap, seria declarat incapaç de posseir-los en un futur.
10. El justícia d'Aragó seria sempre nomenat d'entre els cavallers.

Així, doncs, aquestes corts aragoneses, tan favorables per a la causa feudal, censuraven la conducta del rei, que, finalment, hagué de comprar la pau a canvi d'importants concessions; fins i tot, el rei hagué d'autoritzar els nobles aragonesos, que tenien

118. Els infançons, a Aragó, eren els membres de la petita noblesa, procedent per línia paterna dels cavallers, però no inclosa en aquesta categoria.
119. Per un acta datada el 16 de gener del 1265, els aragonesos eren dispensats d'aquests tributs. ACA, r. 13, f. 250.

possessions al regne de València, l'aplicació del fur d'Aragó als seus territoris valencians. Una vegada superat aquest entrebanc, el comte-rei ja tenia via lliure per intervenir al regne de Múrcia, encara que sense arrencar cap compromís ni ajut de les corts aragoneses.

De tots aquests esdeveniments, podem extraure una important conclusió: la campanya militar de Jaume I contra el reialme de Múrcia fou una expedició fonamentalment catalana, mantinguda per catalans i majoritàriament composta per individus d'aquesta nacionalitat. Això no vol dir pas que a Múrcia no hi anessin aragonesos; és evident que n'hi devien anar alguns, encara que no puguem precisar-ne el nombre, però en una quantitat força inferior al del contingent català, que comptava amb la benedicció de les corts catalanes i que, en definitiva, esdevingué l'element que quallaria als territoris conquerits, amb l'expandiment de la llengua catalana i l'adopció d'una personalitat pròpia que continua viva, avui dia, malgrat la política assimilacionista a la qual s'han vist sotmesos pels successors d'Alfons X des del 1707 ençà. Així, doncs, la campanya de Múrcia, tal com succeí a Mallorca, fou una empresa essencialment catalana; legitimada per les corts catalanes de Barcelona-Lleida i realitzada mercès a l'impost del bovatge i els auxilis de la noblesa, l'església i les ciutats de tot Catalunya (inclosa València). El rei figurà en l'empresa murciana com el primer dels rics-homes catalans i, com a tal, encapçalà el contingent armat reclutat als seus dominis directes, àdhuc els aragonesos, la qual cosa implicava també una participació de les ciutats i viles reials d'aquest regne.[120] Si més enda-

120. Tenim documentada la participació de Saragossa i Terol. En un document expedit al setge de Múrcia, el 7 de gener del 1266, Jaume I reconeix un deute de 1.200 sous a Pelegrí Baldoví, salmedina de Saragossa, pels diners facilitats per a l'empresa murciana. ACA, r. 14, f. 78, editat per J. MIRET I SANS: *Itinerari de Jaume I el Conqueridor*, p. 382; i per HUICI-CABANES: *Documentos de Jaime I de Aragón*, document 115. Així mateix, en un privilegi datat a Lleida el 16 de maig del 1266, Jaume I reconeix el subsidi ob-

vant la noblesa aragonesa, i en concret Balasc d'Alagó, s'afegeix a l'expedició, és individualment i pel seu interès personal, no en virtut d'un acte polític i nacional com realitzaren les corts de Catalunya.

Amb la conquesta de les terres que conformaven el reialme andalusí de Múrcia es clogué una llarga etapa de la història de Catalunya; era el final de la lluita secular contra els musulmans, el final del període de configuració territorial, perquè la Catalunya Nova no s'aturà a les terres de l'Ebre, s'endinsà en la mar fins a Mallorca i vorejà les costes de Xarc al-Andalus, rebatejant-les amb noms catalans, fins a la ribera del Segura i àdhuc més enllà. Una nova nació s'afaiçonava a la costa oriental de la Península Ibèrica, un nou poble s'obria al món amb una consciència nacional desconeguda en els altres pobles contemporanis. Quan encara la majoria de les futures «nacions» d'Europa estaven en bolquers, els cronistes catalans ja parlaven com a vers nacionalistes.

Mentre s'enllestien els preparatius que havien de menar les hosts catalanes a Múrcia, encapçalades pel propi comte-rei, aquest ordenà al seu fill, l'infant Pere, que realitzés una incursió armada en territori murcià, amb la finalitat d'hostilitzar permanentment els musulmans fins a l'arribada de l'exèrcit reial. Tot seguit l'infant organitzà dues cavalcades en els mesos de març i juny de 1265, totes dues historiades a la *Crònica* de Ramon Muntaner.[121]

La primera d'aquestes cavalcades, efectuada al mes de març, fou molt perniciosa per als conreus i altres béns dels andalusins murcians. Segons el testimoni de Muntaner: *«Sí que el dit senyor*

tingut de la ciutat de Saragossa per a la campanya murciana. AMS (Arxiu Municipal de Saragossa), r. 24, document original, editat per HUICI-CABANES, *op. cit.*, V, p. 190. Pel que fa a Terol, la seva participació resta reflectida al *Llibre dels Fets*, cc. 406 i 407.

121. R. MUNTANER, *Crònica*, c. 13.

infant En Pere, batalla arrengada, ab molts rics-homes e cavallers de Catalunya e d'Aragó e del regne de València, ciutadans, homes de mar e almogàvers, per mar e per terra, correc tot lo regne e tallà e afogà tota la terra. E en cascun lloc ell estava tant tro que l'havia tallat. Que primerament tallà e afogà tota la horta d'Alacant, e Nompot e Agost; e puis tallà Elx e la vall d'El·la e de Noetla, Villena e Asp, Petrer, Crivillén, Cretal, Favanella, Callosa, Guardamar, Oriola, e anà entrò sus al castell de Montagut, qui és en la horta de Múrcia, e ell en aquell lloc tallà e afogà». Aquesta incursió arribà fins a la capital murciana, que fou combatuda dia i nit. La host catalana trobà bastantes dificultats i, després d'alguns frecs amb els moros, s'hagué de retirar. Bernat Desclot destaca la intervenció d'En Gil Garcés, qui en els avatars del combat auxilià l'infant en una situació força dificultosa.[122] La cavalcada durà un mes aproximadament i, si creiem el relat de Muntaner, els beneficis obtinguts foren de considerable quantia: *«Un mes tot entegre, ab ses hosts cremant e afogant, estec en lo dit regne; e tots aquells qui hi eren ab ell foren rics e benanants de les grans preses que tragueren, així de catius e de catives e bestiars que n'amenaren».*

La segona ràtzia contra el territori murcià fou efectuada pel mes de juny. Per la narració de Muntaner, es pot deduir que s'inicià després d'una entrevista a València entre l'infant i el rei. L'infant informà el seu pare, del desenvolupament de la primera incursió, i aquest li demanà el parer sobre com s'hauria de efectuar la conquesta i el moment més propici per començar-la. L'infant català respongué amb un minuciós pla d'atac, que fonamentalment consistiria en una nova incursió destructora sobre el ja malmès territori murcià, mentre el comte-rei enllestia els preparatius per a l'entrada en acció de l'exèrcit reial. Aquesta cavalcada hauria de preparar el camí de la host règia que encapçalaria el propi Jaume I. Muntaner ens relata el succés de la manera següent: *«Lo meu consell, pare senyor, seria aquest: que vós a la*

122. B. DESCLOT, *Crònica*, c. 65.

bona ventura pensàssets d'anar visitar Aragó e Catalunya e Montpestller e totes les altres terres vostres, e lleixats a mi ací en la frontera, e jo fer-los he guerra guerrejada en tal manera que res no poran sembrar, e si ho sembren no ho colliran; e d'aquí un any vós, senyor, ab gran re de vostre poder, siats tornats en València e en bona hora, en lo mes d'abril, con ells deuen començar a recollir llurs béns, per ço com ja en abril comença hom a segar ordis en aquelles terres qui són primerenques, llavors, vós, senyor, entrarets e no pensarets d'aturar tro que siats sobre la ciutat de Múrcia, e aquí posarets vostre setge, e, mentre vós estarets al setge, jo correré tota la terra e tendré los passos, que secors del rei de Granada no li pusca venir; e així destruirets la ciutat e tot lo regne».[123] El rei respongué positivament a la proposta de l'infant, el qual, de mantinent, s'aparellà per a intervenir de nou al reialme murcianoandalusí.

Altrament, la *Crònica* de Desclot no esmenta aquest succés, ni tampoc podem deduir d'ella l'existència d'una nova cavalcada encapçalada per l'infant català, encara que totes dues foren efectuades. Creiem que Desclot, en aquest punt, no fa diferència entre la nova incursió de l'infant i la definitiva entrada de Jaume I en acció; la qual cosa té la seva lògica, ja que la nova ràtzia de l'infant Pere tenia com a objectiu preparar el terreny a la immediata intervenció de l'exèrcit conqueridor.

La primera intervenció militar de l'infant Pere en terres del regne de Múrcia està testimoniada documentalment per la cancelleria catalanoaragonesa. El dia 7 de febrer del 1265, el rei reconeix un deute de 1.000 sous a Ramon de Montcada, en concepte dels queviures facilitats per a la guerra de Múrcia;[124] per la promptitud de la data es dedueix que aquestes provisions anaven dirigides a l'infant. Durant el mes d'abril, Adam de Paterna assorteix de carn salada, moltons, vaques i vi la host de l'infant.[125]

123. R. MUNTANER, *Crònica*, c. 14.
124. J. MIRET I SANS, *Itinerari del rei Jaume I el Conqueridor*, p. 366.
125. 1265, abril, 12 al 16. València. ACA, r. 17, f. 32v, publicat per F. SOLDEVILA, *Pere el Gran*, I, pp 452-453, document 19.

Així mateix, rep un préstec de 3.644 sous i 4 diners de Pere Sanxo,[126] i un altre d'11.480 sous i 4 diners reials de València de Guillem de Plana, ciutadà de València i batle de Borriana.[127] Amb data de 10 de juliol del 1265, resta enregistrat, de nou, el compte de Guillem de Plana,[128] on consten els gèneres adquirits: fletxes, draps, cotes, gonelles, cavalls, farina, seda per a la senyera, etc.

Muntaner, per la seva banda, sí que ens parla d'una segona acció del fill de Jaume I contra els moros murcians: *«E així mateix menà la guerra molt vigorosament e aspra contra lo rei de Múrcia»*;[129] encara que, ara, el cronista no dóna cap més detall sobre els fets esdevinguts, tot limitant-se, més aviat, a elogiar la figura de l'infant català com a model de virtuts i terror de sarraïns.

Abans d'efectuar-se aquesta entrevista amb l'infant, el comte-rei, que era a Aragó, s'aturà a Terol. Amb ell venia el cavaller aragonès Balasc d'Alagó i una companyia de sis-cents cavallers, dels dos mil que havia reclutat i pagat. A Terol estant, demanà ajut als prohoms de la vila, els quals li contestaren afirmativament, per boca de Gil Sanxes Munyoz, la resposta del qual està reproduïda en aragonès al *Llibre dels Fets*: *«Seyor, ben sabedes vos que unca, en lo que vos demandastes nin rogastes, non trobastes de no en nos; ni lo fiziestes ni lo faredes agora. Dezímosvos que vos emprestaremos .III. millia cargas de pan, mil de trigo e .II. milia d'ordio, .XX. milia carneros et .III. milia vacas. E, si queredes más, prendet de nos»*.[130] Aquest fragment del *Llibre dels Fets* confirma la participació de Terol en l'empresa murciana, almenys en allò relacionat amb el manteniment de la host. Tanmateix, aquest afer

126. 1265, abril, 16. València. ACA, r. 17, f. 33, publicat per F. SOLDEVILA, *Pere el Gran*, I, p. 453, document 20.
127. 1265, abril, 16. València. ACA, r. 17, f. 33v, publicat per F. SOLDEVILA, *Pere el Gran*, I, p. 452, document 18.
128. ACA, r. 17, f. 34, publicat per F. SOLDEVILA, *Pere el Gran*, I, p. 453, document 21.
129. R. MUNTANER, *Crònica*, c. 15.
130. JAUME I, *Llibre dels Fets*, c. 407.

està relacionat amb la condició de vila reial de Terol, per tant subjecta a la corona com a senyoria natural; així, doncs, no implica una participació efectiva d'Aragó, sinó dels territoris vinculats pel lligam feudal directament amb la corona.

A València el rei romangué entre el 26 d'octubre i els primers dies del mes següent. La ciutat es mostrà disposada a cooperar en la campanya. També ací, s'uneixen a la seva host l'infant Jaume, Ramon de Montcada i altres cavallers els noms dels quals no recorda el rei en el moment de redactar la crònica. De València partí cap a Xàtiva, d'on tenim documentada la seva estada del 5 al 8 de novembre.[131] Després reprengué el viatge en direcció a Biar, aleshores límit meridional del regne de València i punt des d'on s'iniciaria la campanya contra els sarraïns murcians.

De Biar estant, el rei trameté un missatge als moros de la veïna vila de Villena, amb l'objectiu d'entrar en converses per a negociar-ne la rendició. A la pregunta dels motius de la rebel·lió, els musulmans villenencs respongueren que era deguda al mal capteniment a què eren sotmesos per part de l'infant castellà Manuel, germà d'Alfons X, senyor de la vila i de gran part de les terres del reialme murcià. El comte-rei els oferí, a canvi de la rendició, la seva intercessió davant els castellans, tot assegurant-los que n'aconseguiria el perdó. Ja a la nit, els villenencs enviaren al campament reial dos emissaris —un dels quals era un llatinat, o sia, que coneixia llatí o romanç— amb la resposta, acceptant les condicions esgrimides pel monarca català. En premi pels seus serveis, el rei donà cent besants al musulmà llatinat, possiblement a fi de guanyar-se'l per a la seva causa, mentre que l'altre no rebé res. Al dia següent foren signades les capitulacions a Villena, havent-les de jurar tots els majors de vint anys de la vila.

Després l'exèrcit català s'adreçà vers Elda, vila que ja havia entrat en negociacions amb l'infant Manuel, qui també la senyo-

131. F. SOLDEVILA, *Pere el Gran*, I, pp. 130-131.

rejava. Tanmateix, els musulmans eldencs, tement una acció de rapinya per part dels soldats catalans, acampats als afores, demanaren protecció al rei, qui els la concedí.

Seguidament, li tocà el torn a Petrer, que abans de la rebel·lió era un feu de Jofre de Loaisa, cortesà de la corona catalanoaragonesa tramès a Castella en el seguici de la infanta Violant, a hores d'ara reina de Castella.[132] Ell havia esdevingut l'home de confiança de la cort castellana, tot ocupant el càrrec de coper major i encarregant-se de l'educació de l'infant Ferran de la Cerda. Com a conseqüència de la seva posició, Alfons X l'heretà ricament al regne de Múrcia. Davant la imminència del setge i com a contestació al missatger que els envià el rei català, els moros petrerencs trameteren dos vells, o xeics, i un jueu a entrevistar-se amb Jaume I, qui els rebé i els proposà, a canvi de la rendició, que faria de mitjancer entre ells, el rei de Castella i Jofre de Loaisa. Els petrerencs digueren que s'havien aixecat pels maltractaments a què havien estat sotmesos pel noble castellà, afegint que retrien el castell a canvi de la promesa reial que fos tingut pel rei de Catalunya-Aragó, puix que estaven espaordits, pel temor a les represàlies d'En Jofre. Jaume I no acceptà aquesta condició, ja que considerava que l'expedició que encapçalava tenia únicament la finalitat d'ajudar el seu gendre, el rei de Castella, a recuperar els territoris revoltats. La total manca d'una altra opció forçà els petrerencs a acceptar les condicions del rei català, i al dia següent onejava el penó quadribarrat al castell, com a senyal de la rendició.

Una vegada restablerta la senyoria cristiana sobre Petrer, la host de Jaume I féu via vers Alacant; travessà tota la vall del Vinalopó, passant per Montfort —aldea aleshores d'Alacant— i, franquejant el petit coll del Portitxol, arribà a Alacant en una data anterior al 21 de novembre del 1265.

132. Jofré DE LOAYSA, *Crónica de los reyes de Castilla*, edició, traducció, introducció i notes d'Antonio García Martínez, Múrcia, 1982, pp. 78-79.

L'arribada a Alacant suposà la fi de la primera etapa conqueridora, caracteritzada tant pel rapidíssim avanç del contingent militar català com per l'aspecte aparentment pacífic de la conquesta, en no trobar envides resistència. Les cavalcades realitzades per l'infant Pere, qui de manera implacable havia castigat les viles i els camps del reialme murcià, donaren el resultat esperat. Els capitostos musulmans rebel·lats, cansats de guerra, davant la proximitat de l'exèrcit català, s'hi lliuraven sense oposar resistència, en haver consumit les esperances d'un ajut granadí que pogués capgirar el curs dels esdeveniments. Hem d'afegir-hi la presència a la rereguarda musulmana de castells i viles en poder dels castellans, producte de l'expulsió de la població musulmana de les localitats que havien ofert resistència al pacte d'Alcaraz. Alacant era un d'aquests llocs; per la seva singularitat estratègica, requerí d'una especial atenció per part d'Alfons X, que féu grans esforços per tal de repoblar-lo amb homes lleials. L'any 1252 el dotà d'un amplíssim *alfoz* o terme municipal.

Així, doncs, a l'arribada de Jaume I ens trobem davant d'un camp esvalotat, en contraposició a uns nuclis urbans fortificats on dominen els cristians, llevat de la capital murciana i d'Elx. Potser aquí hem de cercar les claus del gran èxit de les dues algarades de l'infant Pere i, més tard, de la relativament fàcil conquesta de tot el territori murcià per Jaume I. Per aquesta raó, l'exèrcit reial trigà tan poc en arribar a la vila d'Alacant: menys de dotze dies, aproximadament, ja que degué eixir de Xàtiva pels volts del 8 de novembre i arribà a Alacant abans del 21 (data en la qual Jaume I, des d'Alacant, coincideix a Arnau Llorenç el permís per a encunyar moneda millaresa d'argent).[133] Aquesta facilitat de moviments de l'exèrcit català ens permet deduir, també, que els musulmans en cap moment intentaren de resistir, conscients de la seva feblesa i incapacitat per a organitzar una oposició amb perspectives d'èxit. De Biar a Alacant havia estat reprimida la revolta, i els andalusins assistien impotents a la dis-

133. J. MIRET I SANS: *Itinerari de Jaume I el Conqueridor*, p. 380.

sort de l'enfonsament de llur món. Els acords d'Alcalá de Benzaide, pels quals el regne de Granada signà la pau amb Castella, per força s'havien de fer notar a la frontera septentrional del regne murcià, i l'exèrcit català avançava sense témer cap eventual atac d'algun contingent armat granadí.

Alacant, tal i com indica el *Llibre dels Fets*, es convertí aleshores en la base d'operacions i punt d'avituallament de l'exèrcit català: *«E en l'altre dia entram en Alacant e aquí ordonam nostra companya».*[134] A Alacant s'aplegaren els grans senyors que participarien en la definitiva conclusió de l'empresa murciana, amb els respectius contingents militars. Entre els catalans, destaca la presència dels infants Pere i Jaume, així com la del bisbe de Barcelona, Arnau de Gurb: *«Nós, estan en Alacant, ajustam nostres fiyls (l'infant En Pere i l'infant En Jacme) e·l bisbe de Barcelona e nostres richs hòmens en la església d'Alacant, en la novela, defora, no en la major».*[135] A més dels esmentats i altres grans cavallers catalans, també hem d'assenyalar, tal i com ens indica Torres Fontes, la presència d'importants cavallers castellans a Alacant, entre els quals destaquem Alfonso García de Villamayor, *adelantado* major del regne de Múrcia, i el seu cunyat Pedro Guzmán, *adelantado* de Castella. De més a més, a Alacant també hi eren Pelai Pérez de Correa, mestre de Santiago, i el mestre de l'orde de l'Hospital, Hug Malavespa. Tots ells havien fet una mica la guerra pel propi compte i risc, en defensa de llurs interessos al reialme murcià, participant en incursions armades contra els musulmans i mantenint la tinença de les viles que no s'havien sumat a la revolta.[136]

La important reunió, referida abans, tingué lloc en l'actual església de Sant Nicolau, situada aleshores al raval de la vila, a la vora de la qual s'havia establert el campament. Tot sembla indicar que aquest aplec de forces obeïa al desig del monarca d'ini-

134. JAUME I, *Llibre dels Fets*, c. 415.
135. *Ibídem*.
136. J. TORRES FONTES, *La reconquista de Murcia...*, p. 128.

ciar aviat una ofensiva que culminés amb la presa de Múrcia, única ciutat que podia albergar les suficients forces per oferir resistència a l'avanç de l'exèrcit reial. L'existència de petites poblacions rebels i una plaça d'importància com Elx no suposaven cap d'obstacle; més aviat, llur rendició dependria de la rapidesa de les hosts catalanes en presentar-se en llurs portes. Les comunicacions amb Oriola, que mantenia una important guarnició cristiana, eren mantingudes sense cap dificultat aparent, malgrat la presència d'Elx, i la seva possessió garantia la submissió de tot el Baix Segura.

També, en aquella reunió, segons ens relata el *Llibre dels Fets*, el comte-rei adoctrinà els seus cavallers sobre la manera com havien de procedir; després d'explicar-los que la conquesta es feia en nom del rei de Castella, els féu dos manaments: primerament, els ordenà que ningú fes ús de les armes sense el seu previ consentiment; i, en segon lloc, els comminà a guardar-se de tenir picabaralles entre si, car l'enemic podria aprofitar-se'n, tot afegint que havent-hi un senyor que faci justícia, ningú ha de prendre-se-la de la seva mà.

El sotmetiment del Baix Vinalopó i el Baix Segura

Després de finalitzada l'entrevista amb els seus cavallers, Jaume I, des d'Alacant, envià missatgers a Elx, vila rica i de considerable població, que, segons el testimoni del comte-rei, *«cuylia més pa que Múrcia»*.[137] També era senyorejada per l'infant Manuel de Castella. Els emissaris reials eren un *trujaman*, o intèrpret, i un eixea.[138] Els il·licitans enviaren a parlamentar Muhammad ibn Gâlib (Mahomet Avingalip, al *Llibre dels Fets*), acompanyat d'un

137. JAUME I, *Llibre dels Fets*, c. 419.

138. L'eixea era, als territoris catalanoaragonesos, una mena de negociant dedicat al rescat de captius cristians a territori musulmà, com també de captius musulmans a terres cristianes.

altre musulmà del qual no cita el nom. En la primera entrevista, el monarca català exposà les seves pretensions i els oferí, a canvi de la rendició, el respecte a les disposicions que pactaren amb els castellans i la salvaguarda dels seus costums.

És important el passatge de la crònica reial que narra aquest succés, ja que, implícitament, ens informa que Elx fou una de les poques viles que acataren o almenys no oferiren massa resistència als designis del pacte d'Alcaraz. Jaume I, tal com a Villena, s'oferí per a fer de mitjancer dels il·licitans davant els castellans: *«...e que·ls farem atendre al rey de Castella e a Don Manuel les covinences que havien ab ells e lurs costums, segons les cartes que ab ells havien, e, si res vos n'an trencat, que us ho adoben».*[139] Resulta obvi que aquestes *covinences* i les *cartes que ab ells havien* són conseqüència de la primera ocupació castellana del territori, després de la rendició d'Ibn Hûd Bahâ' ad-Dawla de Múrcia. Elx, però, s'arrengà, el 1264, amb els rebels murcians. La capital del Baix Vinalopó, al contrari d'Alacant, era encara una vila majoritàriament andalusina en aquesta data, ja que els castellans, en no tractar-se, d'antuvi, d'un nucli rebel als dictats d'Alcaraz, no havien foragitat la població musulmana.

En la segona entrevista que els negociadors il·licitans tingueren amb el rei, aquest separà Muhammad ibn Gâlib del seu acompanyant i, després de demanar-li que fos acurat en l'afer, li donà tres-cents besants. L'il·licità acceptà els diners i prometé que faria tot el possible per arribar a un bon acord. Veiem com una altra vegada, semblantment al que succeí durant les negociacions anteriors a la rendició de Villena, Jaume I agracia els serveis d'un andalusí amb la clara finalitat d'aconseguir un bon acord que satisfaci els seus interessos. Objectiu que assoliria ben aviat, car els musulmans il·licitans tornaren a trametre Muhammad ibn Gâlib davant el comte rei, amb una proposta de rendició condicional: *«E foren aquestes les coses que éls demanaven: la .I.ª, que*

139. Jaume I, *Llibre dels Fets*, c. 416.

y romasessen ab totes lurs heretats; e l'altra, que tinguessen lur ley en cridar en lur mesquita; e la terça, que fossen jutjats a costum de sarraïns e que no fossen forçats per negun christià, mas que·ls sarraïns los jutjassen segons que era usat en temps de Miramamolí».[140] Jaume I acceptà aquestes condicions i prometé, de més a més, que intercediria per ells davant de l'infant Manuel i el rei de Castella i *«que·ls faríem seguir totes aquestes covinences que havien ab nós».*

Una de les reivindicacions dels musulmans il·licitans era el manteniment de les lleis pròpies que, segons el text, es remuntaven al temps de *Miramamolí.* Bernat Desclot fa servir els noms *Miramamoní* i *Miramolí*[141], en referir-se al califa almohade derrotat a Las Navas de Tolosa (1212). Jaume I anomena, de manera semblant, el califa almohade quan al *Llibre dels Fets* fa parlar al rei de Mallorca: *«Barons, ben sabets vosaltres que aquesta terra ha tenguda Miramamolí plus de .C. ayns, e volch que yo fos seyor de vosaltres...».*[142] L'etimologia del mot seria el conegut títol califal d'*amîr al-mu'minîn* «comanador dels creients», pres pels sobirans almohades a partir de l'adveniment d'ᶜAbd al-Mu'min (1130). La corrupció del mot àrab en llengua romanç donaria el *Miramamoní*, *Miramolí* o *Miramamolí* en català, i l'*Almiramomelín*, *Miralmomelín* o *Miramomelín* en castellà.[143] Així, doncs, sembla, abans de tot, que els il·licitans volien conservar les lleis heretades de les reformes almohades, a no ser que el rei català definís amb aquest nom els sobirans musulmans, independentment del seu origen i, per tant, amb aquesta al·lusió a *Miramamolí*, fes referència als governants andalusins anteriors a les invasions africanes; la qual cosa creiem bastant improbable.

Hi ha un altre aspecte que contribueix a enterbolir una mica més aquesta qüestió. Comparat amb el castellà, la coincidència

140. Jaume I, *Llibre dels Fets*, c. 418.
141. B. Desclot, *Crònica*, c. 5.
142. Jaume I, *Llibre dels Fets*, c. 79.
143. *Primera Crónica General*, II, cc. 885, 1033, 1121.

de l'alveolar lateral sonora *«l»* en el català *Miramamolí* amb la resta de derivats castellans pot fer pensar que, efectivament, tot faci referència a un mateix concepte. No obstant això, la forma catalana *Miramamoní*, amb pervivència de l'alveolar lateral sonora *«n»*, i més lògica com a derivació de l'ètim àrab, ens du a la hipòtesi que, potser, s'estigui fent al·lusió a dos conceptes diferents que, amb el temps, arriben a confondre's.

Efectivament, sense descartar la validesa de totes les formes com a designants del títol califal d'*amîr al-mu'minîn*, cal tenir en compte la duplicitat de les formes en català, i que el mot *Miramamoní* fes referència a l'*amîr al-mu'minîn*, mentre que *Miramolí* i *Miramamolí* de l'obra de Jaume I derivés del títol principesc *amîr al-muslimîn* «comanador dels musulmans», dignitat exhibida per Ibn Hûd al-Mutawakkil ^{c}alà Al·lâh, per nomenament del califa abbàssida de Bagdad.[144]

Muhammad ibn Hûd al-Mutawakkil ^{c}alà Al·lâh, rei de Múrcia, com hem vist, s'aixecà contra els almohades en nom del califa de Bagdad. Per aquest motiu trameté una ambaixada davant el bagdadí Abû Ja^{c}far al-Mustansir bi-l·lâh. Al seu regrés, els ambaixadors andalusins portaren una carta del califa abbàssida, datada al mes de *dhû-l-qa^{c}da* de l'any 629 (29 d'agost-7 de setembre del 1232), on Ibn Hûd era confirmat com a lloctinent d'al-Andalus, era encoratjat a mantenir la lluita contra els cristians i, alhora, era nomenat *mujâhid ad-Dîn* «combatent de la religió», *sayf amîr al-Mu'mimîn* «espasa del comanador dels creients» i *amîr al-muslimîn* «comanador dels musulmans».

Així, doncs, el problema rau en esbrinar si, veritablement, les formes catalanes distingeixen un significat diferent per als casos amb alveolar lateral sonora i amb alveolar nasal sonora. Si acceptem aquesta hipòtesi, aleshores el *Miramamolí* del *Llibre dels Fets*

144. Aquest títol era utilitzat per les dinasties que reconeixien l'autoritat, almenys en el terreny espiritual, dels califes abbàssides de Bagdad. Vegeu *Shorter Encyclopaedia of Islam*, a cura de H.A.R. GIBB i J.H. KRAMERS, Nova York-Leiden, 1991, p. 42.

podria referir-se a dos conceptes diferents, que el redactor del *Llibre dels Fets* confon, o bé, designa inconscientment amb el mateix mot. Per tant, el *Miramamolí* del capítol 79 faria referència al califa almohade, mentre que el del capítol 418 seria l'*amîr al-muslimîn* Muhammad ibn Hûd al-Mutawakkil ᶜalà Al·lâh.

Si cerquem el paral·lelisme amb els textos castellans coetanis, comprovem que el relat del *Llibre dels Fets* guarda certes semblances amb la narració de la rendició de la ciutat de Sevilla a Ferran III (1248) de la *Primera Crónica General: «Et la primera pleytesía en que trauaron al rey don Fernando, de parte de Axataf et del arráez et de los moros de Seuilla, fue esta: quel darían el alcaçar de la uilla, et que lo touiese el, et que ouviese las rendas todas della, asy commo las auie el Miramomelín quando era ende sennor...».*[145] El paral·lelisme és obvi, encara que ací es parli de rendes i a Elx es parli de lleis, i tot sembla indicar l'al·lusió al cabdill almohade.

Tanmateix, i per això hem parlat d'un possible doble significat a les cròniques catalanes, hi ha un fet a Elx que no podem obviar: la ciutat del Vinalopó és a l'àrea d'influència de la ciutat de Múrcia i, recordem-ho, a Múrcia es portà a terme una revolució, l'objectiu primordial de la qual era foragitar els almohades de la Península Ibèrica. Els almohades exigien als seus sotmesos l'acceptació dels seus dogmes, barreja d'elements ortodoxos, mutazilites i xiïtes, partidaris de l'ortodòxia rígida basada en l'exegesi espiritualista de l'Alcorà i la *sunna*, que escometia contra el literalisme i la casuística malikita dels alfaquins, aplicadors rutinaris de la llei islàmica. El malikisme era l'escola jurídica oficial d'al-Andalus, i sobre la qual descansava el *fiqh*, o dret islàmic, andalusí.

La rebel·lió d'Ibn Hûd al-Mutawakkil ᶜalà Al·lâh significà el rebuig a la doctrina almohade i a les reformes que se'n derivaven. El triomf de la rebel·lió arreu d'al-Andalus i, sobretot, al territori d'influència murciana, inclosa Elx, posa en qüestió la

145. *Primera Crónica General*, c. 1122.

pervivència de les lleis almohades en una data tan avançada com novembre del 1265. De més a més, l'acceptació, per la comunitat d'Elx, del pacte d'Alcaraz, situa en consonància aquesta amb la dinastia hudita de Múrcia, encapçalada per Ibn Hûd Bahâ' ad-Dawla, i hereva, bé que no per línia directa, del gran reformador murcià proabbàssida. Així, doncs, és més lògic que la reivindicació il·licitana s'adrecés a la conservació del dret musulmà tradicional d'al-Andalus, recolzat en la *sunna* o tradició islàmica i en la interpretació jurídica *mâlikí*, i no pas en els principis dels execrats almohades.

Altrament, les negociacions endegades per Jaume I amb els il·licitans foren realitzades totalment en secret, amb la finalitat que cap membre de la host *«no y pogués res embargar»,*[146] car aquests pretenien, de primer antuvi, depredar la vila i el camp il·licità, accions que Jaume I impedí amb una argúcia. El jorn de la partida de l'exèrcit d'Alacant, el comte-rei s'avançà amb una companyia de cent homes a reunir-se amb un grup d'una cinquantena de moros il·licitans, *«los veyls e dells mellors hòmens de la vila»*,[147] i amb ells acordà la definitiva capitulació de la vila, així com el lliurament de la torre de la Calaforra, que era el lloc més fort d'Elx, la custòdia de la qual fou encomanada a Arnau de Gurb, bisbe de Barcelona. En arribar el gruix de l'exèrcit, per a sorpresa dels seus components, les negociacions ja estaven enllestides; d'aquesta manera, el rei evità que els estralls propis de la guerra afectessin Elx i el seu camp. El torsimany jueu que havia participat en les negociacions, Astruc Bonsenyor, fou l'encarregat d'enllestir les negociacions, mentre Jaume I i el seu exèrcit prosseguien viatge vers Oriola.

Oriola era una altra vila que, com Alacant, s'havia oposat a la rebel·lió, mercès a l'existència d'una poderosa guarnició castellana, que en tot moment havia posat en escac qualsevol intent musulmà de recuperar plenament les terres compreses entre els

146. JAUME I, *Llibre dels Fets*, c. 419.
147. *Ibídem*, c. 420.

rius Vinalopó i Segura. Durant el sojorn de Jaume I en aquesta vila, rebé la visita d'un fill d'Ibn Hûd (*Banud* segons el *Llibre dels Fets*), acompanyat pel rais de Crevillent. Recordem que aquesta vila havia estat l'única ensems amb Múrcia que havia acatat sense reserves el tractat d'Alcaraz, per l'especial vinculació que mantenia amb la dinastia hudita murciana.

Ibn Hûd Bahâ' ad-Dawla, el mateix que els seus successors, després del 1243 actuà com un titella en mans dels castellans, sotmès en tot moment a l'autoritat d'aquests; però, això no lliurà de la presó Muhammad ibn Abî Ja^{c}far ibn Muhamad ibn Hûd, «rei moro» de Múrcia, quan, esperonats pels granadins, els seus súbdits es rebel·laren contra la dominació de Castella. Ara, un fill del reietó murcià s'adreça al monarca català, oferint tota la seva col·laboració, a canvi que aquest intercedeixi davant dels castellans pel pare captiu. Resulta un passatge força confús del *Llibre dels Fets*, ja que podem interpretar que Banud és el rais de Crevillent, com es desprèn de l'edició de Ferran Soldevila: *«E quan nós fom en Oriola venc-nos lo fill de Banud el Arrais de Crivillèn»*. En canvi, el text establert en l'edició crítica de Jordi Bruguera, possibilita una altra interpretació: *«E, quan nós fom en Oriola, vench-nos lo fiyl de Banud e l'Arrais, de Crivillén»*.[148] Aquest

148. JAUME I, *Llibre dels Fets*, c. 422. L'edició de Jordi Bruguera pren com a base el manuscrit procedent de Poblet, conservat a la Biblioteca de la Universitat de Barcelona, el mateix seguit per F. Soldevila, però J. Bruguera fixa el text tenint en compte les lliçons dels manuscrits conservats a la Biblioteca de Catalunya, la Biblioteca del Palau Reial de Madrid, la Biblioteca Nacional de Madrid i l'edició prínceps de València (1557), on llegim *Benut e la Rais*, amb les variacions *E Benuc* (ms. de la Biblioteca Nacional de Madrid) i *Raiz* (edició prínceps de València). Cal tenir en compte que l'article *el* davant de vocal no apareix en cap lloc de la crònica, i la conjunció *e*, en tot el manuscrit de la Biblioteca de la Universitat de Barcelona, apareix acolorida en vermell; vegeu *Libre dels Feyts del rey En Jacme*, edició facs. del manuscrit de Poblet (1343) conservat a la Biblioteca Universitària de Barcelona, amb introducció de Martí de Riquer, Universitat de Barcelona, 1972. És per això que ens inclinem a pensar que *lo fiyl de Banud* i *l'arrais* eren dues persones i no pas una, a diferència de com fins ara s'ha cregut.

Banud, Ibn Hûd, és el nét d'Ibn Hûd Bahâ' ad-Dawla; mentre que el rais és Ahmad ibn Hûd, el fill de Bahâ' ad-Dawla que participà en les capitulacions d'Alcaraz en representació del seu pare. Més endavant, s'instal·laria a Crevillent,[149] des d'on continuaria mantenint estrets lligams amb els seus parents de Múrcia; prova d'això és el casament del seu fill amb una filla del que fou primer «rei moro de Múrcia» anomenat per Alfons X de Castella el 1266, després de la repressió de la revolta mudèjar, Muhammad Abû ᶜAbd Al·lâh ibn Hûd, o sia, *lo fiyl de Banud* i company del rais de Crevillent esmentat al *Llibre dels Fets*. La branca dels Banû Hûd crevillentina, mitjançant successives unions i aliances, aconseguí mantenir la seva autonomia fins al 1318.

El fill de Banud, o sia, Abû ᶜAbd Al·lâh Muhammad ibn Hûd, lliura, segons la narració del *Llibre dels Fets*, Crevillent i dos castells a Jaume I: «*E dix-nos que son pare era pres, e tenia'l pres lo rey de Castella, e venia per ço a nós: que faria tot ço que nós manàssem, e que·ls nostres hòmens poguessen entrar en Crivillén salvament e segura; e venia a nós que·ns rendés aquels .II. castells que havia, e que·ns podíem ajudar del seu axí con del nostre*». El rais crevillentí actuà activament en les negociacions, i és per això que el cita la crònica de Jaume I, tot i que en aquest cas l'interlocutor principal fou el fill del rei de Múrcia. La col·laboració del rais resultà de gran ajuda per a l'ofegament de la revolta murciana. L'entesa entre el monarca català i el capitost crevillentí degué continuar, ja que tenim documentada una exempció de pagament a favor d'Ahmad ibn Hûd i l'aljama de Crevillent el 1274.[150]

149. Sobre la branca crevillentina dels Banû Hûd, vegeu el treball de Pierre GUICHARD, *Un seigneur musulman dans l'Espagne chrétienne: le ra'is de Crevillente (1243 1318)*, «Mélanges de la Casa de Velázquez», IX (1973), pp. 283-334. Hi ha traducció castellana: *Un señor musulmán en la España cristiana. El ra'is de Crevillente (1243-1318)*, Alacant, 1976.

150. P. GUICHARD, *Un señor musulmán en la España cristiana: el ra'is de Crevillente*, p. 21.

El col·laboracionisme del rais crevillentí seria recompensat més endavant per Alfons X de Castella, que li concediria l'alqueria de Coix, un cop pacificat el territori.[151] Així mateix, Ahmad ibn Hûd se sotmetria a l'autoritat del consell d'Oriola, com a tinent del castell i vila de Crevillent.[152]

Ben cofoi s'havia de sentir el monarca català durant la seva estada a Oriola, car, en un espai relativament breu de temps, havia restablert el poder cristià als territoris situats al nord del Segura: *«E aguem deliurat e cobrat ço que havíem perdut, de Billena tro en Oriola e d'Alacant tro en Oriola, així que tot hom podia anar pels camins salvament e segura».* En realitat, qui ho havia perdut era Alfons X de Castella, però, per a Jaume I, des del moment que era perdut per als cristians, i per al seu gendre, ja ho considerava com una pèrdua pròpia. Pel to que utilitza el monarca català, podem intuir una delimitació del territori murcià septentrional sobre el qual Jaume I mantindria uns hipotètics drets, cedits a l'infant Manuel de Castella en virtut del casament amb la infanta Constança de Catalunya-Aragó; drets, però, als quals el casal de Barcelona no s'avenia a renunciar per complet, tal i com demostraria a l'inici de la centúria següent la sentència arbitral de Torrellas (1304) i l'acord d'Elx (1305), que incorporaria aquests territoris a la Corona catalanoaragonesa.

Estant encara l'exèrcit català acampat a Oriola, una notícia portada per dos almogàvers provinents de Lorca el mobilitzaria de mantinent. Els missatgers dels defensors de Lorca informaren *«que .DCCC. jenets, ab .II. mília azembles carregades e .II. mília hòmens d'armes que les tocaven, metien conduy en Múrcia, e que eren passats, al sol post, denant Lorca».*[153] Com veiem, Lorca era

151. El privilegi està datat el 8 de maig del 1266, vegeu J. TORRES FONTES, *La reconquista de Murcia...*, p. 95; E. GISBERT BALLESTEROS, *Historia de Orihuela*, 3 vols. Oriola, 1901-1903, I, p. 471; i P. BELLOT, *Anales de Orihuela*, edició a cura de J. TORRES FONTES, Múrcia, 1956, II, p. 179.

152. E. GISBERT BALLESTEROS, *Historia de Orihuela*, I, p. 477.

153. JAUME I, *Llibre dels Fets*, c. 423.

una altra de les viles on els castellans resistien; altrament, una de les que més resistència oposà, en el passat, a les hosts conqueridores d'Alfons de Castella, quan aquell sotmeté Múrcia a la sobirania del seu pare, Ferran III. Immediatament, s'organitzà la host en disposició de sortir a l'encontre del contingent zanâta que intentava aprovisionar Múrcia. L'exèrcit es concentrà passat el pont sobre el Segura, riu que seria vorejat pel seu marge dret fins a arribar, a trenc d'alba, a una alqueria que hi ha entre Múrcia i la muntanya per on hom va a Cartagena, a les rodalies de la qual hi ha un tossal on era acostumat d'enterrar els sobirans musulmans murcians.[154]

En aquell lloc, amatents a l'arribada del contingent musulmà, tingué consell el rei amb els seus cavallers; d'ells, el *Llibre dels Fets* cita els infants En Pere i En Jaume, l'infant castellà En Manuel, el mestre d'Uclés, don Pedro Guzmán i don Alfonso García de Villamayor. Tots aquests cavallers eren de l'opinió de fer talaies per guaitar la presència del comboi granadí i eixir contra ell quan estigués a esguard. Jaume I, en canvi, no era d'aquest parer, atesa la manera de fer dels «genets» musulmans (majoritàriament zanâtes[155] al servei dels nassarites granadins): *«La qual solien fer ab aquels ab qui s'encontraven, que·ls cansaven anan entorn d'aquels que tenien cavals armats».*[156] Jaume I disposà que només fossin armats cent cavalls; a la davantera anirien els infants i a la costanera se situarien En Manuel, el mestre d'Uclés i don Pedro Guzmán, mentre que formarien la rereguarda el propi comte-rei acompanyat de cent cavallers armats. En el cas que els moros combatessin amb els genets, ningú no hauria de res-

154. Mariano GASPAR REMIRO, *Historia de Murcia musulmana*, p. 302, identifica el lloc, que localitza a Buznegra.

155. De l'àrab *zanâtî*, d'on deriva el mot «genet»; la grafia àrab zanâta era pronunciada *janâta* o *geneta*. Individu de la tribu berber Zanâta, famosa per la seva cavalleria lleugera. Els zanâtes cavalcaven amb les cames arronsades i combatien amb llança i darga.

156. JAUME I, *Llibre dels Fets*, c. 424.

pondre l'atac fins que es fessin sonar les trompetes, moment en el qual s'hauria de llançar a l'atac el contingent de cavalls desarmats, seguits per la cavalleria armada comandada pel propi Jaume I.

Un cop organitzat pel monarca el posicionament de les seves tropes per a entrar en batalla, es formà un petit escamot d'avantguarda, de cinc cavallers sota el comandament de Guillem de Rocafull, amb la missió d'explorar el terreny i d'estar a l'aguait de la imminent aparició del contingent granadí. Aviat, es presentà aquest i el rei ordenà que el deixessin avançar fins a la plana, que allí seria combatut, de tal manera que la host catalana s'interposés entre els granadins i Múrcia; així, en el cas que intentessin fugir, capturarien les atzembles i els peons que les portaven.

És llavors, i davant la perspectiva immediata d'un fort combat, quan succeí un fet curiós per la seva singularitat, que palesa la religiositat del monarca català. Tot just abans de començar la batalla, considerant-se en pecat i temerós del càstig diví, demanà confessió al frare dominicà Arnau de Segarra, al qual *«diximli que a nostre Seyor no li cuydàvem tenir altre tort per què nós deguéssem ésser perdut, sinó tant solament de Dona Berenguera; e nós havíem en cor d'ésser ab ella meyns de peccat, així com hom deu ésser ab sa moller».*[157] Com ben bé indica F. Soldevila, l'amor seguia exaltant-lo com en la joventut.[158] El papa ja li havia recordat en termes precisos la contradicció del seu esperit guerrer i la seva feblesa amorosa; quan anys més tard prepari l'expedició a Terra Santa, Gregori X l'apostrofarà «vencedor de tres reis, vençut per una dona».[159] Ara pretenia de legitimar aquest incestuós amor amb Berenguera Alfonso, la dama que s'havia apoderat del seu cor, que era parenta del rei de Castella i d'ell mateix, en un

157. JAUME I, *Llibre dels Fets*, c. 426.
158. F. SOLDEVILA, *Jaume I. Pere el Gran*, p. 31.
159. E. MARTÈNE i U. DURAND, *Thesaurus novus Anecdotorum*, París, 1717, II, pp. 362 i 440; citat per F. SOLDEVILA, *Jaume I. Pere el Gran*.

grau que aleshores era considerat d'incest. Nogensmenys, com que Jaume I ja tenia una muller i el papa es mantenia contra el divorci, fra Arnau intentà de defugir la proposició règia: *«E ell dix-nos que peccat mortal era gran cosa, mas, si nós érem en cor que·ns tolguéssem, que ell nos perdonaria»*. L'egregi penitent, home poc habituat a l'abstinència carnal, que creia que amb la conquesta de Múrcia podria reparar les seves faltes, replicà: *«E nós dixem-li que ab aquela fe entraríem en la batayla, que exeríem de peccat mortal o per una guisa o per altra; que serviríem tant Déu en aquel dia en aquela conquesta que·ns perdonaria, car d'àls nós no havíem mala volentat a negú, e a ell bastava»*. Després fra Arnau beneí el rei i el comanà a Déu. Segons R.I. Burns, aquest episodi és força revelador de la manera com concebia Jaume I les relacions amb la divinitat: *«Per sota de les racionalitzacions evasives del rei i de tota la seua externalització religiosa hi ha, malgrat tot, un agut sentiment de pecat, ell mateix es considera un pecador, i no abusarà del sagrament. Pescat en el seu punt més dèbil, l'única cosa que pot esperar és que Déu, com a bon cavaller d'esperit noble, es fixe en el panorama més general»*.[160]

Preparats per a entrar en combat, el rei s'adreçà als seus fills, exhortant-los a lluitar pel bon nom del llinatge i de la terra d'on són: *«Fyls, vós sabets bé de qual loch venits e qui és vostre pare. En tal manera fets vuy, de feyt d'armes, que tot lo món diga vós qui sots e d'on venits; e, si no, prometem a Déu que us desheretarem de ço que dat vos havem. E puys dixeren l'infant Don Pere e l'infant En Jacme, tot en .I., que·ls membraria bé d'on venien, e que per açò no·ls calia desheretar»*.[161] Tot seguit, el rei tornà a les posicions de rereguarda, on sentí l'arenga que Bertran de Vilanova dirigia als combatents: *«Cavallers de Catalunya! Cathalans!: fe que devets a Déu, membre-us qui és vostre seyor, car huy és mester que tal cosa façam, que tot lo món parle del bé que nós farem»*.[162]

160. R.I. BURNS, *Jaume I i els valencians del s. XIII*, València, 1981, p. 22.
161. JAUME I, *Llibre dels Fets*, c. 427.
162. *Ibídem*, c. 428.

Aquesta al·locució guerrera, recollida al *Llibre dels Fets*, constitueix una mostra més de la catalanitat de l'exèrcit que comandava Jaume I. Tanmateix, hem de tenir en compte que des del moment que els comtes de Barcelona s'entronitzaren a l'Aragó, fins al segle XVI, totes les empreses dels catalans a l'exterior eren fetes en nom del títol més alt que el seu príncep posseïa: rei d'Aragó. Però els homes, la llengua, l'esperit, àdhuc la senyera, eren els mateixos que havien estat fins aleshores: catalans.[163] En tots els fronts on combateren, els soldats catalans, en entrar a batalla, llançaven crits que simbolitzaven, alhora, llur fe espiritual i patriòtica: «Sant Jordi e Aragó!» (Muntaner, 55) o «Aragó! Aragó! Via sus!» (Desclot, 113) i d'altres semblants. Per a ells, Aragó no era tan solament el país situat més enllà del Cinca, unit políticament a Catalunya per atzar, sinó el seu propi país, a recer de les il·lusions d'una monarquia que es creia particularment afalagada per Déu, que feia possible que un grup «nacional» prengués consciència de la seva identitat.

Pel que fa a la batalla que era a punt de començar, els zanâtes granadins advertiren la presència de la host catalana i fugiren envers Alhama. Alguns cavallers anaren a encalçar-los, però el rei, que observà que Alhama hi era a unes quatre llegües de distància, ho impedí, ja que aquesta vila estava molt ben defensada per uns sis-cents o set-cents soldats i unes excel·lents fortificacions. Jaume I entengué que podria resultar perillós un intent d'atac, puix que, després de la distància recorreguda, els cavalls arribarien esgotats, circumstància que podria ser aprofitada pels granadins per a causar soscaire en la host catalana.

Passat aquest episodi bèl·lic, l'exèrcit es dirigí vers Alcantarilla, on el rei celebrà consell amb els seus fills i rics-homes. Tots ells coincidiren que ans de prendre qualsevol decisió calia sentir el parer dels castellans, ja que, teòricament, havien de saber més de la terra a conquerir que els catalans. Després d'algunes deli-

163. J. TRUETA, *L'esperit de Catalunya*, Barcelona, 1985, p. 50.

beracions sobre la conveniència d'atacar Alhama, el rei decidí de retirar-se'n, tot adduint les següents raons: 1a., que dins set dies s'havia de reunir amb el rei de Castella a Alcaraz; 2a., que els moros es defensarien bé i farien molt difícil que la vila caigués en un termini inferior a un mes; 3a., que Múrcia era al bell mig entre Alhama i Oriola, amb el consegüent perill que podia derivar-se per als avituallaments; i 4a., que només portaven provisions per a un dia.

En arribar a Oriola al vespre, corregué pel campament la notícia que els granadins havien entrat a Múrcia amb el conduit. Això encengué els ànims dels membres de la host, entre altres els infants Pere i Jaume i els mestres d'Uclés i de l'Hospital, els quals demanaven una ràpida intervenció contra els musulmans. Aquesta proposta ensopegà amb la negativa de Jaume I, qui pensava que era perillós endinsar-se de nit per territori enemic, en gran part desconegut, i que, potser, la notícia era un simple rumor, com efectivament fou. Aquest argument provocà, d'entrada, una irada resposta dels dos infants: *«E ells dixeren que nós destorbàvem los de la ost»*,[164] a la qual el monarca replicà contundentment: *«E nós dixem que no deÿen veritat, que per ço que nós hi sabríem dir e fer se goanyaria el regne, e per ço que ells hi dirien ne y farien se perdria»*.

El dia convingut, a primers de novembre de 1265, Jaume I i Alfons X de Castella celebraren una conferència a Alcaraz. El rei català hi estigué acompanyat pels seus fills, amb tres-cents cavallers i uns dos-cents almogàvers. El castellà sortí a rebre el seu sogre una llegua abans d'arribar, custodiat per seixanta cavallers, i tots plegats feren llur entrada a Alcaraz, on els esperava la reina de Castella i filla de Jaume I, Na Violant, acompanyada de les seves filles, i dona Berenguera Alfonso, *«que se'n vench puys ab nós»*.[165] Com veiem, malgrat les reiterades penitències, l'esperit del nostre monarca continuava trasbalsat per la seva

164. JAUME I, *Llibre dels Fets*, c. 432.
165. *Ibídem*.

debilitat devers les dones. I heus ací un exemple més de la sinceritat de Jaume I en escriure o dictar el seu *Llibre dels Fets*, on narra la glòria del seu regnat, però on, alhora, també reconeix i no amaga les febleses i temptacions que tingué com a ésser humà.

Suposem que en l'entrevista foren tractats diversos temes relacionats amb la continuïtat de la campanya i la política que caldria seguir respecte al territori murcià un cop reintegrat a la sobirania de Castella. El *Llibre dels Fets* ens diu solament: *«E aquí parlam del feyt dels sarraïns»*. D'aquesta afirmació podem deduir que d'aquí eixirien els eixos bàsics que regirien l'empresa murciana en el futur. De l'esforç bèl·lic, és evident que els components de l'expedició catalana volguessin traure algun profit; podem considerar que d'aquesta reunió es derivarien les immediates concessions que efectuaria Jaume I en enllestir la conquesta de Múrcia, sempre sota la fórmula que ho feia en nom propi i del seu gendre. Després de vuit dies, en els quals no mancà el temps per a l'esplai, el sobirà català emprengué de nou la marxa cap a Oriola, on s'havia establert la base d'operacions, de cara a iniciar la fase final de la campanya, la conquesta de la ciutat de Múrcia.

De camí vers les terres del Segura, s'afegí a la marxa l'infant castellà En Manuel, per la qüestió del reintegrament de Villena, Elda i Elx a la seva senyoria. En canvi, i per a gran decepció del rei En Jaume, els musulmans villenencs no volgueren lliurar la vila, on tenim documentada l'estada del comte-rei el 19 de desembre de 1265.[166] Aquest trencament de les convinences, contretes mesos abans, entre els moros de Villena i Jaume I, però, no aturà la marxa de la host, que continuà el seu camí. Seguint la ruta i sense deturar-se, passà per Montfort i després per Elx,

166. En aquesta data, al Pinar de Villena, Jaume I expedí una concessió al capítol de la seu de València, perquè pugués adquirir cases en aquesta ciutat. ACV (Arxiu de la Catedral de València), pergamins 1224, 1312 i 1339; *Llibre de Bisbalia*, p. 81, editat per HUICI-CABANES, *Documentos de Jaime I de Aragón*, document 1476.

on el pas del rei català resta documentat al 21 de desembre de 1265.[167] L'infant En Manuel, al contrari que a Villena, sí que prengué possessió de la vila il·licitana. El mateix dia, arribà Jaume I amb la seva companyia a Oriola; hi trobà un bon estat d'ànim entre els membres del contingent armat que hi havia romàs, puix que havien realitzat algunes fructíferes ràtzies. A Oriola, arribà el rei quatre dies abans de Nadal i hi romangué fins a Any Nou.

Pel que fa a Elx, l'infant castellà promulgà un perdó general i la remissió de penes per a tots aquells que participaren en la revolta,[168] atenent a les convinences entre Jaume I i els moros il·licitans. No tenim més notícies de l'acció de govern de l'infant Manuel coincidint amb la permanència de Jaume I en terres del reialme de Múrcia, però aquesta acció s'intensificaria en els anys posteriors. El 1267 ordenà una nova repartició de les terres entre els nous pobladors cristians, vinguts en gran nombre amb les hosts del rei «Conqueridor», i els antics pobladors sarraïns, encara que ja no sabem si acomplint les disposicions acordades entre aquests i Jaume I. En canvi, sí que coneixem l'existència de tres privilegis on hom fa patent aquest nou repartiment. Un dels documents, estès a Villena el 7 de desembre del 1267, prova que finalment la vila de l'Alt Vinalopó s'avingué a negociar amb l'infant castellà; aquest confirmava als cristians totes les heretats que tenien a Elx. L'any següent, i des de Burgos, estengué un altre privilegi, amb data de 5 d'abril, pel qual mana que els veïns d'Elx facin veïnatge de forma continuada. Ja amb data de 20 de juny de 1269, tenim de bell nou detectada la presència de l'infant a Elx, confirmant la repartició de les propietats i les aigües feta anteriorment.[169] Les reparticions del 1267 afectaren la totalitat de la terra del terme: un primer grup estaria constituït per les terres que pertocarien als cristians, situades a l'esquerra de la rambla que rega la sèquia major, distribuïdes segons

167. J. MIRET I SANS, *Itinerari de Jaume I el Conqueridor*, p. 381.
168. P. IBARRA RUIZ, *Historia de Elche*, Alacant, 1895 (reimp. Elx, 1982), p. 45.
169. *Ibídem*, p. 56.

els mèrits; i un segon grup correspondria a les terres dels mudèjars, que se situarien al marge dret de la rambla que fa de fita (la rambla és el llit del riu Vinalopó).

El 4 de juliol de 1270, l'infant Manuel, per un document expedit a Villena, va atorgar a la vila d'Elx els privilegis que Alfons X donà a Múrcia, inspirats en els de Toledo i Sevilla. En conseqüència, s'hagué de procedir al nomenament de dos jutges i un justícia, càrrecs anyals que es renovarien cada 24 de juny. Arran d'aquest privilegi, Elx disposaria de segell, senyera, i, de més a més, regularia la lliure entrada de comestibles i controlaria la seva producció ramadera i vinícola. Més endavant i pels plets entre el municipi i l'*adelantado*, l'infant Manuel, per un privilegi datat a la mateixa vila, en una data tan tardana com el 9 d'agost del 1281, resoldria que l'*adelantado* i l'almoixerif respectessin el fur d'Elx, i que qualsevol litigi s'atingués a les lleis forals.

És molt interessant la notícia que ens dóna Pere Ibarra sobre l'assentament de frares del convent de Santa Eulàlia de Barcelona. Quatre anys i escaig després de la conquesta efectuada per Jaume I, són precisament frares de procedència barcelonina els que s'estableixen a Elx. Com recordarem, el bisbe de Barcelona, Arnau de Gurb, fou el primer alcaid de la torre de la Calaforra, i per extensió, el primer governador, de fet, d'Elx arran de la conquesta catalana. És per això que creiem que ha d'existir una relació entre aquest afer i l'establiment de religiosos procedents d'aquella diòcesi catalana, que amb tota seguretat formarien part dels contingents repoblacionals que el Principat vessà sobre el vençut reialme murcià. Per un privilegi datat el 27 de juny de 1270, l'infant En Manuel concedí als frares els *«Banyos viejos que son á la puerta de la Calahorra, con el fosario de los moros, que es desuso destos Banyos en el camino de Aliquante. En tal manera que fagan de los Banyos una Capilla en que digan Missa cada día, et que la siervan ellos: et que fagan su officio. Et quiero que el fosario de los cristianos que sea en aquel lugar».*[170]

170. P. IBARRA RUIZ, *Historia de Elche*, p. 47.

El 1284 morí l'infant En Manuel, passant el senyoriu il·licità al seu fill En Joan Manuel, personatge importantíssim en la política d'aquestes terres durant la sacsejada fi de segle, acabat amb la incorporació d'Elx i les terres septentrionals del regne de Múrcia a la Corona d'Aragó.

La conquesta de la ciutat de Múrcia i la fi de l'empresa militar

El 2 de gener del 1266 inicià Jaume I la fase final de la conquesta de Múrcia, posant setge a la capital: *«E en l'altra dia de Ninou, entrada de janer, nós anam assetjar Múrcia».*[171] El *Llibre dels Fets* ens descriu, en un primer moment, només unes vanes temptatives de combat per part dels sarraïns murcians, consistents en el llançament de sagetes i pedres, que arribaren a inquietar una mica els components de l'exèrcit assetjador. Jaume I, avesat en la lluita contra els moros, era del parer *«que qui·ls sofre .I. dia, d'aquí avant no ss'i tornaran».*[172] Així, doncs, disposà trenta ballesters perquè defensessin els cavalls armats que eren als portells, preparats per al combat. Durant tot el dia continuaren els sarraïns escometent la host assetjadora, però, quan comprovaren que cap mal no li feien, decidiren cessar el combat, sense tornar a trencar les hostilitats durant un mes.

Aquest conat de resistència armada, pràcticament sense importància, és l'únic testimoni de lluita que Jaume I reflecteix al seu *Llibre dels Fets*. Podem, doncs, inferir-ne que el setge de Múrcia es fonamentà en l'aïllament de la ciutat respecte a l'exterior, impossibilitant-la de rebre qualsevol tipus d'ajut. Només calia esperar que la fam i les malalties comencessin a minar l'ànim i la moral dels assetjats.

Tanmateix, Desclot ens descriu un setge llarg i dur, acabat, com veurem més endavant, en una veritable acció de bandidatge

171. JAUME I, *Llibre dels Fets*, c. 434.
172. *Ibidem*, c. 435.

per part dels almogàvers. Desclot diu en concret sobre el setge: *«Anà-se'n a Múrcia e assetjà-la de totes parts; sí que no hi entrava ne n'eixia negú que no fos mort o pres. Sí que els sarraïns de la ciutat foren sí destrets de fam que els cans e els gats mejaven e ells mateixs; e així reteren-se al rei d'Aragó en aquesta guisa: que se'n poguessen anar cascú ab ço que se'n poguessen portar a l'esquena, e donaren al rei molt aur e molt argent sens nombre, e que dins huit jorns haguessen la ciutat delliurada e que el rei los guiàs una jornada lluny d'aquí».*[173]

Sobre la *Crònica* de Desclot, no ens estem de citar ací l'anàlisi que fa un dels millors especialistes en l'obra d'aquest, Coll i Alentorn, sobre els passatges dedicats a la conquesta de Múrcia:

«La font dels passatges dedicats a la campanya de Múrcia sembla ésser del mateix gènere que la dels consagrats a la conquesta de Mallorca. Ens tornem a trobar ara davant d'un relat fet a grans pinzellades, amb un estil narratiu molt simple i directe, i despullat de tota interpretació psicològica de les reaccions dels protagonistes. Per a més semblança, també ací tornem a trobar assonàncies abundoses: són en -a *i es presenten sobretot en el punt en què és descrit l'atac de l'infant i els seus al pont de la ciutat de Múrcia. Val la pena de posar en relleu la gran diferència que hi ha entre les versions que d'aquesta campanya donen, per un costat la nostra crònica, la de Muntaner i els* Gesta *i, per altre, la crònica de Jaume I. Mentre aquelles destaquen la intervenció guerrera de l'infant En Pere, aquesta no subratlla gens la seva actuació; mentre el nostre cronista i l'autor dels* Gesta *presenten el setge de Múrcia com a llarg i dur, Jaume I ens parla quasi exclusivament i molt extensament dels treballs diplomàtics duts a terme per assolir la rendició de la ciutat; mentre Desclot ens refereix l'èxode dels sarraïns murcians, el Conqueridor ens diu que van romandre en el regne gaudint de determinades garanties.»*[174]

173. B. DESCLOT, *Crònica*, c. 65.
174. M. COLL I ALENTORN, introducció a la *Crònica* de B. DESCLOT, «Les Millors Obres de la Literatura Catalana», Ed. 62, Barcelona, 1982, p. 27.

Per la seva banda, Muntaner parla d'un setge continuat fins a la capitulació de la ciutat, sense referències a cap topada entre assetjadors i assetjats: «*E posà son setge sobre la ciutat de Múrcia, qui és ciutat molt noble e honrada e molt fort e mills murada que ciutat gaire que sia e'l món. E aitantost con fo davant la dita ciutat, ordonà son setge en tal manera que de neguna part no hi podia null hom entrar. E no faré llongues noves: que el setge durà tant que venc ab ell a pau, que els sarraïns li reteren la meitat de la ciutat, e l'altra se retengueren a llurs ops sota la sua senyoria*».[175]

En canvi, els *Gesta Comitum Barcinonensium* ens relaten un setge dur i cruel, on cobra especial importància la figura de l'infant En Pere. En el capítol on es fa esment als fets de Jaume I, només trobem una senzilla descripció dels esdeveniments: «*Hic dominus Iacobus rex, uolens addere nobilitati suae et culmini bonitatis, obsedit ciuitatem Murciae, et cum non esset de adquisitione sua, captam restituit regi Castellae, genero suo*».[176] Potser calia tan sols destacar la noblesa d'esperit que animà Jaume I a realitzar la conquesta en ajut del seu gendre. Nogensmenys, més endavant els *Gesta* ens proporcionen una visió més acurada de l'esdeveniment, això sí, en parlar de les heroïcitats del futur Pere el Gran, on s'explica un setge feixuc i violent, guanyat per la fam que assolà la malmesa ciutat andalusí: «*Item cum recolendae memoriae pater eius ciuitatem Murciae in multitudine armatorum militum et peditum obsedisset, ac post multa bella, directis machinis ad eandem, pollenti consilio, cura et strenuitate armorum infantis nobilis Petri praedicti, multas anxietates et mortes ac grauem famis iniuriam incolae Murciae paterentur, infanti praedicto, omisso rege, se reddere uoluerunt; uerum paternae reuerentiae curam gerens, noluit eos admittere, sed quod domino patri suo se redderent procurauit, qui satis felicibus filii actibus inuidebat*».[177]

175. R. Muntaner, *Crònica*, c. 16.
176. *Gesta Comitum Barcinonensium*, edició a cura de L. Barrau Dihigo i J. Massó Torrents, Barcelona, 1925, c. XXVII.7, pp. 59-60.
177. *Ibidem*, c. XXVIII.4, p. 62.

És evident que, per la seva participació als fets, qui millor narra els esdeveniments és el propi comte-rei. Encara que la lectura del *Llibre dels Fets* no permet una gran exactitud en la cronologia, aquesta no suposa un obstacle insalvable, ja que els documents expedits pel monarca durant i després del setge ens permeten d'esbrinar les dates i, alhora, ens confirmen la continuada presència del rei durant tot el setge de Múrcia. A partir del dia 3 de febrer els documents ja no es daten al setge de Múrcia, *«in obsidione Murcie»*, sinó a Múrcia.[178]

Passats els quinze primers dies de l'inici del setge, entenent que les possibilitats d'ajut als assetjats eren ben minses, Jaume I trameté un eixea amb un musulmà a la ciutat, amb la missió de comunicar a l'algutzir[179] la seva intenció de tenir una entrevista amb ell. El propòsit del comte-rei era negociar amb el poder civil, tot obviant el poder militar granadí que defensava l'alcàsser. Com a resposta, l'algutzir requerí la presència d'un cavaller, sembla que per tenir una major seguretat de les proposicions que li feien. Jaume I, aleshores, hi envià Domingo Lopes, poblador de Morvedre (l'actual Sagunt), i el jueu Astruc, el mateix que havia participat en la capitulació d'Elx, tots dos coneixedors de la llengua àrab. Com a resultat d'aquesta entrevista, l'algutzir i un altre musulmà dels més notables de Múrcia, ambdós nomenats cavallers per Alfons X, s'entrevistaren amb Jaume I el 20 de gener del 1266, dimecres, essent rebuts amb solemnitat al campament català: *«E, quan nós sabem que éls venien, faem encortinar nostra casa de bons draps e fer bons setis; e manam que·ls tinguessen apparaylat galines vives e moltons e cabrits e, quan ells fossen ven-*

178. J. TORRES FONTES, *La reconquista de Murcia...*, p. 147.
179. El mot àrab *wazîr* designa un càrrec de l'administració musulmana equivalent a ministre. D'aquí ve el mot català *algutzir*. Modernament, el significat del mot català és sinònim de guàrdia, persona encarregada de mantenir l'ordre. Cal assenyalar, però, que en francès dóna *vizir*, que, alhora, s'ha incorporat al català com a gal·licisme sota la forma *visir*, que designa pròpiament el càrrec de ministre o semblant de l'aparell estatal islàmic.

guts, que les los faessen degolar, e estiguessen ab nós».[180] Durant l'entrevista, realitzada amb la sola presència de l'intèrpret, el jueu Astruc, i després d'un exordi —en el qual el comte-rei exposà la tolerància que als seus territoris tenien els musulmans, respectant-los costums, religió i lleis—, els explicà que aquells que l'havien acceptat com a sobirà mantenien llur llei com si es tractés d'un país musulmà, mentre que els que no s'havien sotmès a la seva autoritat havien estat foragitats i la terra havia estat repoblada amb cristians. Després d'aquesta exposició, Jaume I formulà tres concessions, a canvi del lliurament pacífic de la ciutat, que ell mateix es comprometia de negociar amb el rei de Castella:

1a. El respecte als acords anteriors entre Alfons X de Castella i Múrcia.

2a. L'acatament de les convinences entre Jaume I i els musulmans murcians per part del castellà.

3a. El perdó extensiu a tots els musulmans murcians per llur rebel·lió.

Els dos emissaris murcians, agraïren les paraules del monarca català i s'excusaren de no poder contestar-li sense el consell dels caps de l'aljama, i que, per això, els caldria tres dies per a poder donar una resposta a l'oferta de rendició que Jaume I els proposava.

Considerem que cal una breu anàlisi de la situació política de Múrcia durant el setge. Fora d'escena els caps més rellevants de la revolta contra Castella, entre ells al-Wâthiq i el malagueny Muhammad ibn Escaiola, cap militar en nom del monarca granadí, després dels acords d'Alcalá de Benzaide (setembre del 1265), la revolta murciana fou sentenciada, tot i que els granadins continuaren col·laborant d'amagat amb els rebels murcians i, àdhuc, un representant del nassarita continuà exercint el comandament de l'alcàsser de la capital. Però, alhora, davant el buit de poder, la ciutat estableix un govern d'algutzirs (*wuzarâ'* en àrab) i *xuyûkh* (vells) de l'aljama. Per aquest motiu, Jaume I

180. Jaume I, *Llibre dels Fets*, c. 436.

s'adreçà als representants directes de l'aljama, i rebutjà l'autoritat de l'alcaid granadí que tenia l'alcàsser. En aquest moment l'algutzir era Abû Bakr,[181] que esdevindria el principal negociador de la rendició, motiu pel qual obtindria grans beneficis del rei català.

El dissabte 23 de gener del 1266 tingué lloc la segona entrevista entre els mateixos «cavallers» murcians i el rei En Jaume. Després d'assenyalar que havien exclòs de les deliberacions l'alcaid de l'alcàsser, per ser representant del rei de Granada —prova de les grans diferències que existien entre els murcians i els, probablement, *guzâ* magribins que defensaven l'*al-Qasr al-Kabîr* enviats pel rei de Granada—, indicaren una sèrie de condicions per al lliurament de la vila: primerament, demanaren el respecte a la religió, les lleis i els costums musulmans, tal i com els havia promès el rei de Castella; en segon lloc, demanaren ser perdonats per haver-se aixecat en armes contra els cristians; i, per últim, demanaren a Jaume I que enviés un missatge al rei de Castella perquè aquest aprovés les negociacions. Al capdavall, pràcticament les concessions que Jaume I havia ofert als musulmans murcians, amb l'excepció de la darrera, a la qual el monarca català s'oposà, puix que es negava a trametre cap missatge al seu gendre abans de la rendició de la ciutat, ja que els musulmans havien de retre's a ell. La resposta sarraïna hagué d'ajornar-se un altre dia, a l'espera de les deliberacions de l'aljama.

L'endemà tornà la delegació murciana, aquest cop amb la resposta definitiva, en la qual eren acceptades les condicions esgrimides pel «Conqueridor».[182] En aquesta reunió es determinà

181. És citat com Abubecre Abuadah per J. TORRES FONTES, *La reconquista de Murcia...*, pp. 148-149. En una carta de Jaume I datada a Alzira, el 6 de març del 1276, és anomenat Abubareque Abenuhatzha (ACA, r. 20, f. 239).
182. J. TORRES FONTES, *La reconquista de Murcia...*, p. 151, defensa la data de dimarts 26 com corresponent a la tercera entrevista, a partir, segons ell, de la cronologia del *Llibre dels Fets*. En canvi, F. VALLS I TABERNER, *Relacions familiars i polítiques entre Jaume el Conqueridor i Anfós el Savi*,

la partició de la ciutat en dues parts, musulmana i cristiana: «*E nós dixem que·ls daríem, de l'alcàcer ensús, tota la vila que era contra la partida de la ost on nós seÿem; e plach-los molt*».[183] També es determinà com s'havia de procedir al lliurament de la ciutat. Els murcians es comprometeren en un termini de tres dies a lliurar l'alcaid granadí de l'alcàsser i desfer-se'n de la guarnició, i al quart dia lliurarien la fortalesa.

Desconeixem com es realitzà l'evacuació dels contingents granadins, car ens manquen testimonis dels esdeveniments. Tot i això, les diferències entre la població murciana i els soldats «granadins» resten reflectides en aquesta total separació d'interessos que observem pel *Llibre dels Fets*. Possiblement, es tractava de soldats estrangers aliens al país i incòmodes per a la població murciana. Totes les sospites menen a suposar, tal i com es pot deduir de l'episodi d'Alhama, que el contingent de soldats granadins estava format pels rudes berbers de la tribu zanâta, enrolats en les companyies de *guzâ* o «voluntaris de la fe», d'idioma i costums diferents als andalusins tot i ser musulmans; que, amb tota seguretat, recordaven els invasors almoràvits i almohades de temps anteriors, contra els quals els andalusins mantingueren una veritable lluita d'alliberament nacional.

El dia determinat per a la rendició de Múrcia, per ordre del rei, cinquanta cavallers amb els seus escuders i cent vint ballesters de Tortosa es dirigiren a ocupar l'alcàsser *kabîr*, mentre el rei els esperava als afores, prop del Segura. Després d'un parèntesi d'espera, en el qual el rei àdhuc arribà a témer per la sort dels seus cavallers i soldats, la senyera reial fou hissada des del lloc més alt de l'alcàsser; era el senyal esperat que indicava que

«Revue Hispanique», XXI, 1919, pp. 9-52, sosté que la capitulació es produí el diumenge 31 de gener. Segons Torres Fontes, després de la segona entrevista, els murcians convingueren en tornar als tres dies amb la resposta definitiva.

183. JAUME I, *Llibre dels Fets*, c. 442.

Múrcia s'havia retut: *«E, quan nós haguem estat .I.ª gran peça, nós vim la nostra senyera lassús en l'alcàcer e les torres guarnides ben e gent d'òmens e de balesters nostres. E davalam en terra, de nostre caval, e grahim a nostre Senyor Déu la mercè que ell nos havia feyta e ficam los jonols, ploram e besam la terra. E tornam-nos-en a nostra albergada».*[184] Podem observar grans similituds entre aquesta declaració de Jaume I i la mateixa que féu quan la conquesta de València (vegeu el capítol 282 del *Llibre dels Fets*). En definitiva, reflecteix la gran joia del rei per haver realitzat una conquesta més, un retrocés més de l'islam enfront de les armes cristianes. Era quelcom que el monarca català, home de profundes conviccions religioses, no podia estar-se de manifestar.

Aquella mateixa nit, l'algutzir murcià es presentà davant de Jaume I i li expressà la preocupació perquè els cristians establerts a l'alcàsser baixaven a la vila i s'apoderaven dels béns dels musulmans. Jaume I li prometé que enviaria tres homes de la seva confiança per a evitar unes tals alteracions de l'ordre; que, ell mateix, l'endemà entraria a Múrcia i s'entrevistaria amb els *xuyûkh* per a fer la repartició de la ciutat, segons com havia estat pactat.

Efectivament, l'endemà matí el rei pujà a l'alcàsser, acompanyat per l'algutzir i cinc dels musulmans més notables de la ciutat. Aleshores, procedí a la partició, incloent la mesquita major, que era prop de l'alcàsser, a la zona destinada als cristians. Els musulmans protestaren per aquest fet, ja que en les negociacions sobre la rendició s'acordà que tindrien llurs mesquites a l'igual que en temps de domini sarraí. Aquesta queixa ensopegà amb la decidida voluntat del comte-rei de convertir la mesquita major en església, car els musulmans ja tenien unes deu mesquites i, endemés, no estava disposat a sentir el *sabaçala*[185] prop d'ell quan estigués al llit.

184. JAUME I, *Llibre dels Fets*, c. 443.

185. De l'àrab *sâhib as-salâ*, entre els musulmans, és l'encarregat d'encapçalar la pregària a la mesquita.

De tornada al campament, el rei rebé els seus rics-homes, entre d'altres, el *Llibre dels Fets* destaca els infants Pere i Jaume, el bisbe de Barcelona, els mestres d'Uclés, del Temple i de l'Hospital, Huguet, fill del comte d'Empúries, Ramon de Montcada, Balasc d'Alagó, Jofre de Rocabertí, Guillem de Rocafull, En Carròs i Pere Ferrandes d'Íxar, fill natural del rei. Tots ells manifestaren al monarca el desacord amb els pactes establerts, ja que, segons el parer d'aquests cavallers, eren molt beneficiosos per als musulmans. De més a més, es mostraven preocupats per la permanència dels sarraïns a l'interior de la ciutat, car, quan l'exèrcit català marxés, constituïrien una amenaça per a la tranquil·litat dels habitants cristians. Aleshores, la disputa se centrà sobre els acords entre el rei Jaume I i els musulmans murcians. Jaume I deia que aquell decret firmat per ambdues parts indicava la pertinença dels suburbis a la ciutat; així, doncs, en qualsevol moment podrien ésser expulsats els musulmans del clos urbà. Aquesta explicació no convencé ni als cavallers ni tampoc als frares dominicans consultats. Malgrat tot, el parer del monarca prevalgué sobre el dels seus consellers.

Per altra banda, els musulmans tampoc es resignaven a deixar-se prendre llur mesquita major. L'algutzir Abû Bakr, acompanyat per més de vint vells prohoms de Múrcia, es presentà davant de Jaume I, demanant-li que no els tolguessin la mesquita, ja que era la millor on ells podien fer les oracions. El comte-rei els respongué que, si bé ells volien el millor lloc per a les seves pregàries, ell també el volia per a dedicar-lo a església. En negar-se els representants musulmans a avenir-se, Jaume I manà que s'aparellessin cinquanta cavallers i els cent vint ballesters de Tortosa, amb l'ordre de barrejar la ciutat si els sarraïns no cedien. Davant la imminent amenaça d'una intervenció armada cristiana, Abû Bakr i els seus rectificaren, tot abandonant llur reivindicació de la mesquita major.

Així, doncs, finalment fou consagrada la mesquita major a l'advocació de Santa Maria, el mateix que a Mallorca i València: «*Car en totes les viles que grans fossen, que Déus nos havia dona-*

des a goanyar de sarraïns, havíem hedifficada església de nostra dona sancta Maria»;[186] i afegeix: *«E per ço car aquesta era la major vila e la pus honrada de tota la Andaluzia, levada Sivíllia, volguem honrar lo nom de la Mare de Déu, que y fos ella honrada per tots temps»*.

L'església fou ricament guarnida amb la roba de la capella reial. I, amb grans creus i la imatge de la Mare de Déu, ricament vestida, acompanyada per tota la clerecia present, es féu solemne processó entre el campament català i l'església. El final del capítol 451 del *Llibre dels Fets* és tot un exemple de la devoció del rei per la Mare de Déu: *«E, quan vim l'altar e·ns acostam a ell, pres-nos tan gran devoció de la gràcia e de la misericòrdia que Déus nos havia feyta per prechs de la sua Mare; car no passàvem entorn de Múrcia nulla vegada, que nós no la pregàssem que nós hi poguéssem metre lo nom de la verge gloriosa sancta Maria; e ella pregam, e·l seu car fiyl féu-nos complir nostra voluntat. E nós, abraçats ab l'altar, ploram tant fort e tant de cor, que per anadura d'una gran milla no·ns poguem partir d'aquel plorar ni de l'altar»*. El bisbe de Barcelona, Arnau de Gurb, i el bisbe de Cartagena, fra Pedro Gallego, concelebraren la missa, en la qual s'entonà el *Veni creator spiritus* i el *Salve sancta parens*. Finalitzada la cerimònia, Jaume I es dirigí a l'alcàsser, on s'albergaria durant la resta de la seva estada a Múrcia.

L'empresa militar conclogué amb l'ocupació dels castells que encara restaven en mans dels sarraïns entre Múrcia i Lorca. Durant els primers dies de febrer, Jaume I es reuní amb tots els seus nobles per a deliberar sobre què s'havia de fer un cop enllestides les operacions militars. L'infant Pere era de l'opinió de trametre un missatge al rei de Castella perquè ocupés la terra conquerida. Per la seva banda, Arnau de Gurb, bisbe de Barcelona, considerava que, acomplerta la missió, fos lliurada la ciutat a Alfonso García de Villamayor, que havia estat *adelantado* abans de la revolta murciana, i fos llicenciat l'exèrcit.

186. JAUME I, *Llibre dels Fets*, c. 450.

Jaume I, pel temor a un altre aixecament sarraí si abandonaven tan aviat Múrcia, es decidí per la solució que li proposava el seu fill. Així, doncs, foren enviats dos adalils a la cort castellana, per tal de requerir a Alfons X que enviés les forces necessàries per a emparar els vint-i-un castells que havien estat presos. Alhora, feia lliurament de la ciutat de Múrcia a l'*adelantado* castellà. L'exèrcit català romangué a Múrcia fins que arribà la contestació del rei castellà, qui es comprometia a enviar aviat el seu consell i agraïa molt l'afecte que li havia demostrat el seu sogre. Seguidament, el rei català, confiat per la propera arribada d'un contingent militar castellà, preparà la marxa de Múrcia. Però, deixaria, segons el seu testimoni, deu mil homes d'armes del seu exèrcit perquè ajudessin en la submissió definitiva de les terres murcianes: *«E sobre açò poblam-hi bé .X. mília hòmens d'armes, entre de nostra terra e d'altres, e que ells que romanguessen aquí ab Don Alfonso Garcia e que li ajudassen».*[187]

Per altra banda, Bernat Desclot ens relata un succés que no esmenta el *Llibre dels Fets*. D'alguna manera suposa un trencament respecte a la línia política de l'expedició encapçalada per Jaume I. Es tracta d'un veritable acte de bandidatge i rapinya, del qual el comte-rei s'avergonyiria i que, per raons òbvies, no esmentaria en la seva crònica. A les capitulacions de Múrcia, Jaume I garantí la seguretat dels musulmans que desitgessin abandonar Múrcia, camí de l'exili a Granada, permetent-los que s'enduguessin tot allò que poguessin portar a l'esquena, i acompanyant-los fins a una jornada de distància de Múrcia. Però, els almogàvers, assabentats d'això i cobejant el botí, emboscaren els desventurats murcians a dues jornades de Múrcia, fent una gran quantitat de captius que després vendrien en terres cristianes. Desclot ens narra el succés de la següent manera: *«Mas los almogàvers, qui saberen que els sarraïns se'n devien anar vers Granada, anaren-se'n bé deu míl·lia vers Granada, a dues jornades lluny*

187. JAUME I, *Llibre dels Fets*, c. 454 (edició de J. Bruguera), c. 453 (edició de F. Soldevila).

de Múrcia, e emboscaren-se e estegren en aguait tant, tro que els sarraïns qui eren eixits de Múrcia, que el rei havia fets guiar una jornada de Múrcia a enllà, foren en aquell lloc; e eren ben trenta míl·lia, entre hòmens, e fembres e enfants. E els almogàvers donaren llur salt, e ocieren-ne molts, e retengren los altres a catiu e hagren tot ço que portaven. E puis tornaren-se'n en terra de Múrcia, e d'Alacant e de València, e veneren los sarraïns».[188]

Per la seva part, l'historiador musulmà Ibn ᶜIdhârî diu al respecte: *«...donaren Múrcia als cristians. Sortiren d'ella per capitulació i se n'anaren a ar-Raxaqa* (la Reixaca), *on visqueren per espai de deu anys, fins que esdevingué ço que esdevingué, quan foren expulsats l'any 673* (7 de juliol de 1284 al 26 de juny de 1285) *i els traïren a tots en el camí, en un lloc anomenat Warkal* (Huércal-Overa); *robaren els cristians les dones i els nens, i occiren tots els homes, després de traure'ls per capitulació i sense armes, disposant d'ells com volgueren amb les espases i les llances. No hi ha força sinó en Al·là, l'Alt, el Gran».*[189]

Cal assenyalar que, encara que Desclot i Ibn ᶜIdhârî es refereixen al mateix fet, existeix una considerable contradicció cronològica entre tots dos autors, car mentre Desclot situa el fet en 1266, al moment de la conquesta de Jaume I, l'historiador musulmà l'endarrereix a 1284-1285, després de deu anys d'estada dels sarraïns murcians a la Reixaca. L'errada cronològica d'Ibn ᶜIdhârî queda ben palesa, ja que els deu anys que romangueren els moros a la Reixaca finalitzaren en 1276 i no pas en 1284-1285. I encara seria major si els fets historiats esdevingueren en 1266.

Per la nostra part, ens inclinem a pensar que Desclot no s'equivoca en narrar aquest tràgic succés com a part del conjunt de fets ocorreguts durant l'empresa conqueridora de Jaume I per terres de Múrcia. L'autor és contemporani als esdeveniments i no

188. B. DESCLOT, *Crònica*, c. 65.
189. IBN ᶜIDHÂRÎ, *Kitâb al-bayân al-mugrib fî akhbâr muluk al-Andalus wa-l-Magrib*; versió castellana d'A. HUICI MIRANDA, *Colección de crónicas árabes de la Reconquista*, p. 287.

creiem que pogués cometre un error cronològic de tal envergadura. Altrament, la *Crònica* de Desclot en tot moment vol prestigiar la dinastia catalana, aspecte que ens indueix a pensar que aquell incident tingué, de més a més, un ampli ressò, la qual cosa obligà Desclot a referir-lo, malgrat el silenci, fruit de l'autocensura del rei, en el *Llibre dels Fets.*

Aviat, la notícia de la conquesta de Múrcia circulà per tot el món cristià. Guilhem de Puèglaurenç, a la seva *Historia Albigensium*, s'hi referia de la següent manera: «*Et anno sequenti ab incarnacione Domini MCCLXV Iacobus rex Aragonum Murciam civitatem sarracenorum expugnavit*».[190] Així mateix, el papa Climent IV felicità el monarca català, en una butlla datada a Viterbo el 5 de juliol del 1266: «*...nunc in terris etiam alienis Murciam famosam satis inter alias civitates tua cura, tua industria, tuo studio, tua potestate perdomuit et ad charissimi in Christo fili illustris Regis Castellae dominum, a quo praesumpta recesserat rebellione reduxit...*».[191]

Les últimes jornades d'estada a Múrcia, Jaume I les dedicà a assentar un nucli de població estable amb la concessió i el repartiment de la pràctica totalitat de cases que es trobaven incloses a les zones reservades als cristians. Torres Fontes creu que les donacions es realitzaren amb certa precipitació.[192] Aquesta rapidesa seria conseqüència de la voluntat del monarca català de premiar tots aquells que s'havien distingit en la campanya, encara que és bastant estrany que, del petit nombre de privilegiats que coneixem, només una reduïda part són militars.

Per altra banda, Muntaner ens explica que els musulmans demanaren a Jaume I que els donés un altre lloc per habitar, un raval on poguessin viure tranquils, sense les ingerències dels cris-

190. J. MIRET I SANS, *Itinerari de Jaume I el Conqueridor*, p. 394.
191. O. RAYNALDI, *Annales ecclesiastici*, 2a. ed., 1964, XIV, 1266, nn. 25-26, pp. 137 a i b. Citat per J. TORRES FONTES, *La reconquista de Murcia...*, pp. 157-158.
192. J. TORRES FONTES, *La reconquista de Murcia...*, p. 164.

tians: «*E a pocs dies los sarraïns veeren que entre ells e los crestians no podia haver bona companya en la dita ciutat; demanaren e suplicaren al dit senyor rei que li plagués que presés la llur part de la ciutat, e que la poblàs de qui ell tengués per ben, e els donàs un raval en què ells se poguessen murar e estar segurs*».[193] La contestació de Jaume I no podia ésser més afirmativa: «*E lo dit senyor rei, ab plaer que n'hac, obeí llurs pregàries e donà'ls un raval defora de la ciutat, que ells muraren, qui ha nom la Reixaca, e aquí ells se mudaren*». Però, Muntaner s'equivoca en atribuir a Jaume I aquest fet, ja que fou Alfons X de Castella qui, a demandes de l'algutzir murcià d'aleshores, optà per enviar els musulmans al raval de la Reixaca, en una disposició datada a Sevilla el 5 de juny de 1266.[194]

Jaume I abandonà Múrcia en una data posterior al 4 de març, ja que encara en aquest dia datava una de les seves cartes a Múrcia.[195] En l'itinerari de regrés passà per Oriola i Elx, arribant a Alacant abans del 9 de març, car que en aquesta data ja tenim constància documental de la seva estada.[196]

A Alacant, Jaume I es reuní amb els seus fills i rics-homes i els proposà de fer una incursió contra Almeria abans de marxar definitivament d'aquestes terres. Els oferí provisions per a deu dies, ja que en quatre podrien anar-hi i en altres quatre tornar a Alacant, essent els restants dos dies per si calia ésser-hi per un espai de temps més llarg, encara que no superior a les dues jornades. Tanmateix, aquest projecte d'expedició trobà la unànime oposició dels nobles del seguici reial, que posaven l'excusa de la impossibilitat de portar queviures per a més de sis jorns de marxa. La realitat, en canvi, és molt probablement una altra, car l'exèrcit ja estava cansat dels mesos de campanya, tot desitjant aleshores el retorn, ans que l'hipotètic benefici d'una cavalcada

193. R. MUNTANER, *Crònica*, c. 16.
194. J. TORRES FONTES, *La reconquista de Murcia...*, pp. 169-170.
195. *Ibídem*, p. 179.
196. J. MIRET I SANS, *Itinerari de Jaume I el Conqueridor*, p. 384.

incerta. Hem de suposar que molts nobles voldrien ocupar-se directament dels seus patrimonis, després de tants dies d'absència. Nogensmenys, encara n'hi hagué algun que desitjà romandre, com Ramon Marquet i els seus, per a realitzar accions de represàlia contra els granadins.

Abans de partir cap a les seves terres i de deixar la terra conquerida per al seu gendre, Jaume I va disposar l'establiment de contingents militars al llarg de la frontera entre Villena i Alacant, amb l'objecte d'evitar qualsevol nova embranzida dels musulmans. Així, doncs, encomanà a Artal de Luna i a Eixemèn d'Urrea la defensa d'Alacant, amb cent cavallers, i a Berenguer Arnau d'Anglesola i a Galceran de Pinós la defensa de Ontinyent i Biar, amb altres cent cavallers. De més a més, demanà un mantleu als mercaders que eren a Alacant, amb la finalitat d'aprovisionar els soldats que restarien per a guardar el territori, deixantlos queviures per a cinc mesos. Aquest préstec, que apareix citat al *Llibre dels Fets*, li fou concedit per Simonet de Modul i Conrad de Junta, que li prestaren tretze mil besants, equivalents a trenta-nou mil sous. Deute reconegut pel monarca en una carta datada el 17 de gener del 1267.[197]

Aquestes forces militars complementarien la gran massa de repobladors catalans que s'assentaren a les viles més importants del territori murcià; repoblació, aquesta, que anà progressivament augmentant en els mesos següents. Perquè, millor àdhuc que el manteniment d'un exèrcit permanent, la colonització era el mitjà idoni per a garantir la submissió del territori. Era, en definitiva, la conversió d'un territori musulmà de llengua àrab en

197 ACA, r. 14, f. 85. Publicat parcialment per J.E. MARTÍNEZ FERRANDO, *Archivo de la Corona de Aragón. Catálogo de la documentación relativa al antiguo Reino de Valencia, contenido en los registros de la Cancillería Real*, 2 volums, Madrid, 1934, document, 682; J. MIRET I SANS, *Itinerari de Jaume I el Conqueridor*, p. 395; J. TORRES FONTES, *La reconquista de Murcia...*, p. 182.

un altre de cristià i llengua catalana. Aquesta seria la principal conseqüència de la intervenció de Jaume I al reialme de Múrcia. Quan el nét del Conqueridor, Jaume II, s'annexioni a finals de la centúria el territori, no tindrà gaires problemes en fer-se'l seu, ja que els habitants que el poblaven, catalans d'origen, afavoririen en tot moment les aspiracions del casal de Barcelona.

Àdhuc, la crònica d'Alfons X, tot i que calla l'ajut, ha d'admetre la repoblació catalana de les terres del regne de Múrcia: *«...e poblaba la tierra de los más cristianos que podía aver, e señaladamente facía mucho por poblar de cristianos la cibdat de Murcia e la villa de Orihuela e la villa de Lorca; e porque non podía haver gentes de la su tierra que los poblasen, vinieron e y poblaron muchos catalanes de los que eran venidos a poblar en el reino de Valencia».*[198] Per aquesta raó, els successors de Jaume I no oblidarien mai aquest doble antecedent bèl·lic i demogràfic. El tractat d'Almirra interrompia la natural expansió territorial de la Corona d'Aragó cap al sud, la qual cosa significava una hipoteca intolerable que ni Pere el Gran ni els seus fills estaven disposats a consentir. Així, doncs, quan la política interior i exterior de Castella presentà un punt de feblesa —això és, la crisi provocada pels infants de la Cerda—, Jaume II aprofitarà l'ocasió i incorporarà el regne de Múrcia a la confederació catalanoaragonesa.

Abans d'això, però, l'infant Pere, futur monarca de Catalunya-Aragó, féu estada a Múrcia durant un breu espai de temps al maig del 1267.[199] Així mateix, el rei Jaume I mantingué una entrevista amb el seu gendre a Alacant, entre febrer i març de 1272:[200] *«E sobre açò nós partim de Saragoça e anam-nos-en ves*

198. *Crónica del rey Don Alfonso Décimo*, c. 16.
199. J. MIRET I SANS, *Itinerari de Jaume I el Conqueridor*, p. 401.
200. F. VALLS I TABERNER, *Relacions familiars i polítiques entre Jaume el Conqueridor i Alfons el Savi*, p. 42, creu que l'entrevista a la qual fa referència el *Llibre dels Fets* tingué lloc el 1272. Coincideix amb J. MIRET I SANS, *Itinerari de Jaume I el Conqueridor*, p. 459, qui esmenta un document de Jaume I datat a València el 16 de gener. Anteriorment, però, tingué lloc una

Alacant, on ell era (Alfons X)*, així com ell nos havia enviat a dir. E, quan fom ab ell, dix-nos que ell sabia per cert que aquels rich[s] hòmens nostres havien feytes covinences ab los richs hòmens de Castella e ab los moros, que fossen contra nós. E demana'ns de conseyl què faria del feyt del rey de Granada e dels raeçes; e dix-nos, encara, que·l rey de Granada li proferia ajuda contra los raeçes, e los raeçes contra el rey de Granada; e que li'n conseylàssem què·n faria ni a qui ajudaria».*[201] Del *Llibre dels Fets*, es desprèn que el motiu de l'entrevista d'Alacant fou el plet entre el rei de Granada i els Banû Escaiola de Màlaga, que encara continuava després de fracassada la rebel·lió mudèjar. Abans, però, el castellà fa al·lusió a una conjura contra el comte-rei.

Tanmateix, de la resposta de Jaume I, es dedueix que el col·loqui d'Alacant tractà sobre aspectes derivats de la política granadina i les seves repercussions en la política castellana i catalanoaragonesa. Jaume I només aconsella el seu gendre sobre la posició que ha d'adoptar en l'envitricollat entramat polític granadí: *«E nós conseylam-li que, a aquell a qui hauria feyta covinença primerament d'ajuda, que a aquel ajudàs; e demanam-li que qual era aquell, e ell dix-nos que·l rey de Granada. E nós dixem-li que si·l rey de Granada havia covinença ab ell e no la li havia trencada, la covinença, que la li tengués; mas si·l rey de Granada li havia trencada covinença, que no la li atenés, ans fos ab los altres raeçes, e que·n podia pendre covinença ab ells, sí que no·n valria meyns sa fe. E que·ns playa fort cant los havia partits així, que més valia que fossen dues partides que .I.ª sola. E ell respós que.l conseylàvem bé e que u faria així».*[202]

---

altra entrevista a Villena (VALLS I TABERNER, p. 33). Altrament, A. BALLESTEROS BERETTA, *Alfonso X el Sabio*, p. 546, després d'una comparació dels itineraris de tots dos monarques, situa la data de l'entrevista entre el 6 i el 14 de febrer.

201. JAUME I, *Llibre dels Fets*, c. 506.

202. *Ibídem*, c. 507.

A l'any següent, quan la noblesa castellana se sollevà contra Alfons X, encapçalada per l'infant Felip i Nuño González de Lara a Granada, Jaume I, alertat per les previsibles i encobertes ambicions del monarca nassarita, adoptà mesures per a prevenir una possible intervenció granadina a Múrcia; és per això que hi trameté el noble català Ramon de Cardona. Finalment, aquest nou plet se solucionà per la disposició del rei castellà a cedir davant les pretensions dels rebels, a causa de la política exterior alfonsina a Europa, centrada en el «fecho del Imperio». No obstant això, Jaume I mantingué el seu exèrcit en estat d'alerta a les fronteres amb el reialme murcià.[203]

El gener del 1274 Jaume I realitzà la segona estada a Múrcia; segons el seu testimoni, per supervisar el repoblament. D'ací podem intuir una preocupació que, potser, amagui alguna ambició política futura i, alhora, un desig irredentista perceptible entre la població murciana, majoritàriament de procedència catalana. La rebuda del rei català fou la corresponent a l'autèntic sobirà de Múrcia, i tot un preludi de l'entrada del nét del «Conqueridor» el 1296. Però, veiem què diu el *Llibre dels Fets* sobre aquest segon viatge de Jaume I a Múrcia: «*E nós anam-nos-en envés Múrcia; e abans havíem feyt saber als prohòmens que nos hi devíem venir. E, si anc hòmens del món meteren punya de bé acuylir .I. rey, els ho faeren a nós; e exiren a nós tots quants n'i havia, qui a peu, qui a caval, e faeren alardo denant nós e dixeren que grahien a Déu e a la sua Mare beneyta, car nos havien vist; car lo bé que ells havien en aquel loch, havien per nós, e que anch no hagueren major goyg que de nostra venguda. E nós anam-nos-ne posar a les cases de la reyna* (la seva filla Violant) *e menjàvem en les de Don Fferrando* (el seu nét l'infant Ferran de la Cerda, hereu de la corona castellana). *E quant vench al vespre los bons hòmens de la vila vengren a nós; e .I. prohom de la vila, qui havia nom N'Andreu*

203. J. Zurita, *Anales de la Corona de Aragón*, 8 vols., Saragossa, 1967-1977, I, p. 205.

d'Òdena, levà's en peus e dix que grahien a Déu la nostra venguda, que ben conexien e regonexien que·l bé que ells havien, havien per nós, e que conexien la ajuda que nós los faem a Burgos, can nós hi fom, e quant ne pregam pròpiament al rey per ells. E pregaren-nos e clamaren-nos mercè que nós estiguéssem alí ab ells .II. o .III. dies ab ells o més; e nós no·ls ho volguem atorgar sinó de .I. dia. E encara·ns clamaren mercè que nós totavia, per nós mateys e ab lo rey de Castela, los tinguéssem bon loch; e nós atorgam-los-ho. E esteguem-hi .XIX. dies caçan e deportan. E érem-hi anats per veer con se poblava e car havíem tan gran alegria del lur bé com si fossen nostres».[204]

Sembla que, com a conseqüència d'aquesta segona estada de Jaume I al regne de Múrcia, es produí una rectificació de les fronteres entre els regnes de València i Múrcia.[205] El mes d'abril del 1274 fou rectificat el vell límit format per la confluència dels rius Xúquer i Cabriol, i la Vall de Cofrents restà incorporada al regne de València. En aquesta cassació participaren l'*adelantado* major del regne de Múrcia, Enrique Pérez de Arana, i els castlans i tinents dels castells fronterers de tots dos reialmes.

Altrament, com a conseqüència de la primera gran campanya militar dels marínides nord-africans, encapçalada pel soldà Abû Yûsuf, a la Península Ibèrica (1275), l'hereu de la corona catalanoaragonesa, l'infant Pere, s'adreçà de nou al regne de Múrcia, en direcció al regne de Granada. La host estava composta per mil cavallers i cinc mil soldats d'infanteria.[206] Aquesta acció

204. JAUME I, *Llibre dels Fets*, c. 522.
205. J. TORRES FONTES, *La reconquista de Murcia...*, p. 190.
206. J. MIRET I SANS, *Itinerari de Jaume I el Conqueridor*, p. 525. El 20 de novembre del 1275, Jaume I indicà al seu fill, l'infant Pere, que si no podia realitzar el lliurament de la quantitat que li havia promès per a atendre les despeses, durant tres mesos, d'una host composta per 1.000 cavallers i 5.000 soldats d'infanteria, per ajudar al rei de Castella, que no es considerés obligat a realitzar-ho: «*...illud quod vobis dare promisimus pro solidata et expensis mille militum et quinque mille peditum ad tres menses secundum quod ordinatum est inter nos et vos, cum quibus vos mitimus in*

reforçà les fronteres murcianes, que poc abans havien sofert les conseqüències de l'acció marínida. Després de la campanya a la regió d'Almeria, l'infant Pere se'n tornà per Múrcia, una vegada el soldà marínida abandonà la península, l'1 de *jumâdà I* del 674 (23 d'octubre de 1275).

---

servicium Dei et auxilium regis Castelle in partes Yspanie (al-Andalus) *contra sarracenos, non teneamini ire in ipsum viaticum»*. Publicat per E. GONZÁLEZ HURTEBISE, *Recull de documents inèdits del rei En Jaume I*, document 111; i F. SOLDEVILA, *Pere el Gran*, I, p. 473, document 56.

V.
LES CONSEQÜÈNCIES DE LA CONQUESTA

La colonització catalana del territori

«E con la dita ciutat (Múrcia) *hac presa, poblà-la tota de catalans, e així mateix Oriola e Elx, e Alacant e Guardamar, Cartagènia e los altres llocs; sí que siats certs que tots aquells qui en la dita ciutat de Múrcia e en los davant dits llocs* [són], *són vers catalans e parlen de bell catalanesc del món, e són tots bons d'armes e de bons fets.»*[207] Aquesta és la visió que Ramon Muntaner ofereix de les terres conquerides per Jaume I; unes terres, repoblades per gent catalana, que el rei Jaume I, sempre tan galant i esplèndid, donà, sense cap compensació, al seu gendre castellà, qui mai li ho agraí de forma substancial, limitant-se a admetre, només, algunes petites correccions a la frontera comuna.

La generalitat de la historiografia reconeix aquest fet tan evident: Múrcia fou repoblada majoritàriament de catalans per Jaume I. Com a il·lustració, tot seguit aportem les xifres d'un estudi

207. R. MUNTANER, *Crònica*, c. 17.

elaborat per M. Gual Camarena[208], sobre els pobladors heretats a Múrcia en època de Jaume I, per ser força reveladores:

catalans estrictes (Principat)	1.108	(37,75 %)
aragonesos	105	(3,57 %)
valencians i mallorquins	70	(2,38 %)
TOTAL CORONA D'ARAGÓ	1.283	(43,70 %)
andalusins	563	(19,18 %)
TOTAL ANDALUSINS	563	(19,18 %)
castellans	517	(17,61 %)
TOTAL CASTELLA	517	(17,61 %)
procedència desconeguda	504	(17,17 %)
altres procedències	68	(2,31 %)
TOTAL ALTRES	572	(19,48 %)
TOTAL MÚRCIA	2.935	

D'igual manera, resulten expressives les dades dels repoblaments de Lorca i Oriola, estudiats per J. Torres Fontes:[209]

	LORCA		ORIOLA	
catalans estrictes	131	(18,19 %)	266	(24,18 %)
aragonesos	100	(13,88 %)	192	(17,45 %)
valencians i mallorquins	55	(7,63 %)	48	(4,36 %)
TOTAL CORONA D'ARAGÓ	286	(39,72 %)	506	(46,00 %)
andalusins	2	(0,27 %)	0	(0,00 %)
TOTAL ANDALUSINS	2	(0,27 %)	0	(0,00 %)

208. M. GUAL CAMARENA, *La Corona de Aragón en la repoblación murciana*, «VII Congrés d'Història de la Corona d'Aragó», II, Barcelona, 1962, pp. 303-310.

209. J. TORRES FONTES, *Repartimiento de Lorca*, Múrcia, 1977; *Repartimiento de Orihuela*, Múrcia, 1988; *Los repartimientos murcianos del siglo XIII*, *De Al-Andalus a la sociedad feudal: los repartimientos bajomedievales*, Barcelona, 1990, pp. 71-94.

castellans	372	(51,66 %)	238	(21,63 %)
TOTAL CASTELLA	372	(51,66 %)	238	(21,63 %)
procedència desconeguda	20	(2,77 %)	259	(23,54 %)
altres procedències	40	(5,55 %)	97	(8,81 %)
TOTAL ALTRES	60	(8,33 %)	356	(32,35 %)
TOTAL	720		1.100	

Les proporcions entre la gent no hisendada són ara per ara desconegudes. Tanmateix, Luis Rubio ha estudiat, des d'un punt de vista filològic, la documentació murciana castellana en el període cronològic 1248-1295,[210] on troba una gran presència de catalanismes i cognoms d'origen català. Cal tenir en compte també que, més endavant, a finals del XIV, hom intentà de repoblar l'horta murciana amb pagesos valencians, per a omplir el buit de població produït per les lluites entre els Fajardo i els Manuel; àdhuc, a la primera meitat del segle XV, s'estableix un considerable nombre de súbdits de la Corona d'Aragó al raval de la Reixaca de Múrcia.[211]

Per la seva banda, J. Torres Fontes reconeix la primacia de l'element català en la repoblació murciana després de la intervenció de Jaume I: «*Es fácil apreciar que la mayor parte de la población murciana, la que quedó asentada tras la conquista del territorio por Jaime I, estuvo integrada por catalanes, aragoneses y ultrapirenaicos, y de ellos, en especial, catalanes, bien procedentes de Cataluña, bien de los asentamientos en el reino de Valencia, pero cuyos nombres tienen primacía en el Repartimiento*».[212] Se-

210. L. RUBIO GARCÍA, *El habla de Murcia en tiempos de Sancho IV (1284-1295)*, «Anales de la Universidad de Murcia», XXVI, 2, Múrcia, 1967-1968, pp. 263-269.

211. Vicenç M. ROSSELLÓ I VERGER, *Múrcia, un país català frustrat?*, *Miscel·lània Pau Vila. Biografia, bibliografia i treballs d'homenatge*, Granollers, 1975, pp. 375-385.

212. J. TORRES FONTES, *Repartimiento y repoblación de Murcia en el siglo XIII*, pp. 237-238.

gons Josep Maria Font i Rius, aquesta activitat repobladora de Jaume I es deu a la necessitat d'assegurar el domini de les poblacions conquerides o, potser, pel desig de recompensar els seus cavallers més destacats i assentar els veterans del seu exèrcit.[213]

Tot i això, han sovintejat les interpretacions ultracastellanistes en una part de la historiografia murciana, potser per la frustració de considerar Múrcia un territori perifèric de Castella. Heus ací l'explicació a certes actituds dels erudits murcians que, sense amagar un cert tarannà reivindicatiu, prenen com a base territorial l'antiga província andalusina de Tudmir, però, a la castellana. Així, per als Cascales, Fuentes y Ponte, Merino i Amador de los Ríos, la intervenció catalana del 1296 i posterior sentència arbitral de Torrellas (1304) rebrà epítets com *la iniquidad aragonesa*, *el yerro de Torrellas* o *la ominosa sentencia*; Merino encara arriba més lluny, fins a l'extrem de parlar sempre de *coronilla* en referir-se a la Corona d'Aragó. Aquesta tendència irredentista castellana es percep en la mediocre historiografia alacantina de la primera meitat del segle XX, absorbida pel miratge provincialista de la burgesia valenciana meridional. Exemple d'això és el llibre de l'alacantí Francesc Figueras Pacheco *Alicante bajo los reyes de Castilla*, on expressa el seu plany per la «pèrdua» castellana d'Alacant: «*Examinando imparcialmente los hechos, no se descubre razón alguna de peso que justifique la conducta del aragonés al entrar como una tromba en nuestras tierras, y apoderarse a viva fuerza del Castillo de Alicante. (...) Lo que ganaba Aragón con Alicante, era mucho menos de lo que perdía Castilla sin su puerto. Y lo perdía, injustamente*».[214]

Tanmateix, la tesi sobre la repoblació catalana de les terres murcianes és compartida de forma generalitzada per la historio-

213. J.M. Font i Rius, *La Reconquista y repoblación de Levante*, *La Reconquista y repoblación del país*, Saragossa, 1951, pp. 107-121; vegeu, també, *El repartimiento de Orihuela. Notas para el estudio de la repoblación levantina*, *Homenaje a J. Vicens-Vives*, Barcelona, 1965, I, pp. 417-430.

214. F. Figueras Pacheco, *Alicante bajo los reyes de Castilla*, pp. 138-139.

grafia catalana i aragonesa, que ens ofereix una coincidència de punts de vista a l'hora de valorar i analitzar aquest tema, que avui dia ja no presenta dubtes. A tall d'exemple, citarem algunes de les referències aportades per destacats historiadors:

T.N. Bisson ens diu sobre aquesta qüestió: «*El seu fill Pere inicià els atacs, i el mateix Jaume dirigí la campanya d'hivern en què s'assetjà i es prengué Múrcia (gener de 1266). Tot garantint-los les concessions religioses i legals que els musulmans havien après a esperar d'ell, Jaume hi establí homes seus, especialment catalans; i després —en una demostració característica de lleialtat que no agradava a tothom— cedí Múrcia a Castella*».[215]

Carme Batlle, per la seva part, comenta: «*A continuació hem d'al·ludir a Múrcia, regne reconquerit per Castella, que el recobrà amb l'ajut de Jaume I després de la gran revolta sarraïna (1266). Tot i l'oposició dels seus nobles, el monarca acudí amb un exèrcit a la sol·licitud del seu gendre Alfons el Savi i, després d'haver pacificat el país, hi deixà una població cristiana d'unes 10.000 persones d'origen català sobretot, establerta tal i com ho havia fet en les seves pròpies conquestes. Sembla que, més endavant, aquesta gent contribuí a l'èxit de la campanya de Jaume II*».[216]

J.M. Salrach no difereix tampoc de les afirmacions anteriors: «*A Múrcia, les guarnicions cristianes no resistiren l'aixecament i el regne es va perdre. Alfons X demanà aleshores ajuda al seu sogre Jaume el Conqueridor, el qual, en una ràpida campanya, precedida de dues expedicions de l'infant Pere (juny-juliol i juliol-agost de 1265), aconseguí de sotmetre Alacant, Elx, Oriola i Múrcia (hivern de 1265-1266), principals centres de la revolta anticastellana, i n'assegurà la pacificació establint-hi pobladors catalans en nombre d'uns 10.000*».[217] Evidentment, i com haurà pogut advertir el lec-

215. T.N. Bisson, *Història de la Corona d'Aragó en l'Edat Mitjana*, Barcelona, 1988, p. 77.

216. C. Batlle, *L'Expansió baixmedieval*, volum III de la *Història de Catalunya*, dirigida per Pierre Vilar, Edicions 62, Barcelona, 1988, p. 36.

217. J.M. Salrach, *Història dels Països Catalans*, coordinada per A. Balcells, 3 vols., Barcelona, 1981, I, p. 411.

tor amb aquest treball, Salrach s'equivoca en dir que Alacant i Oriola foren centres de la revolta contra els castellans. Quant al nombre de pobladors, el mateix que C. Batlle, refereix la xifra que dóna el *Llibre dels Fets*.

Ferran Soldevila, en la mateixa línia, afirma: «*Jaume I havia fet, però, molt més que conquerir el regne de Múrcia per a Castella: l'havia repoblat. (...) Motiu també pel qual la llengua catalana va estendre's pel regne de Múrcia*».[218]

Igualment, Joan Reglà diu: «*Jaume I va ajudar el seu gendre, Alfons el Savi, a sufocar una rebel·lió dels sarraïns de Múrcia, i pel 1266 va ocupar i repoblar la regió amb gent del Principat*».[219] En aquest cas, Reglà ens fa referència a una regió geogràfica concreta dels Països Catalans: el Principat. Però, hem de considerar també que, com hem dit anteriorment, els catalans del regne de València també participaren en la repoblació, tot i que, evidentment, en un nombre menor que els del Principat de Catalunya, ja que València era una zona també de recent conquesta i, per tant, necessitava de contingents repoblacionals.

Per enllestir aquesta senzilla mostra d'afirmacions historiogràfiques sobre el repoblament del regne de Múrcia, citem el navarrès (aragonès de vocació) J.M. Lacarra: «*Para recompensar a las huestes conquistadoras quedaron en Murcia unos diez mil hombres de armas —entre los de nuestra tierra y otras procedencias—, dice el rey; muchos eran catalanes de los que habían ido a poblar Valencia; los menos serían aragoneses. En Alicante la repoblación aragonesa sería mayor*».[220] Lacarra s'equivoca en parlar de repoblació majoritària aragonesa a Alacant. Desconeixem d'on haurà tret aquesta informació, ja que les fonts tan cronístiques com documentals no diuen res al respecte. Més aviat sembla una afirmació gratuïta de l'autor, sense cap fonament.

218. F. SOLDEVILA, *Jaume I, Pere el Gran*, pp. 29-30.
219. J. REGLÀ, *Introducció a la Corona d'Aragó,* Palma de Mallorca, 1979, p. 26.
220. J.M. LACARRA, *Aragón en el pasado*, p. 98.

Els criteris de repoblació sustentats per Jaume «el Conqueridor» i Alfons «el Savi»

Jaume «el Conqueridor» i Alfons «el Savi» tenien un criteri diferent quant a la repoblació dels territoris murcians.[221] Per al català, aquesta havia de basar-se en la creació de grans senyorius i propietats, que redundarien en benefici de les classes altes, o sia, pocs pobladors amb moltes heretats: *«Lo .V. conseyl fo que Déus li havia dada Múrcia, e nós, ab nostre Seyor, la li havíem ajudada a prendre e a goanyar; e que les cartes que nós havíem feytes als pobladors de Múrcia e, puys, les que ell los havia feytes, que no les los tenia hom, ans les lus trencaven e les los tolien les heretats, e que daven las .XX. tafulles o .XXX. o, al qui més en daven, davenne .L., e que .L. tafules no eren sinó .II. jovades de València, que no fan sinó .XII. cafices de sembradura; e que era la meylor vila que solia ésser en la Andelozia, levada Cibília, e que dixessen les gents que ell ni sos hòmens no la sabessen partir, que fort hi errava; e que ja negun temps no seria bona Múrcia, si no hi faÿa .I.ª cosa, ço és: Que hi façats .C. hòmens de valor que, quan vós venrets en la ciutat, que us sàpien acuylir, e que hi façats tant que y sien bé heretats (car per .C. tafulles ni per .CC. un home de valor no seria bé heretat); e de l'àls agen-ho menestrals, e així farets bona vila. E, si ho havets dat a hòmens que no y estien, que us avingats ab ells e donats-ho a pobladors».*[222] Això es deu a la particular opinió que tenia sobre el tema el monarca català, qui creia que els homes amb suficient patrimoni servirien millor al rei i estarien més arrelats a la terra que no pas els posseïdors de poques terres. J. Torres Fontes, amb el seu acostumat parcialisme, desacredita l'obra de Jaume I, en primer lloc per la rapidesa i provisionali-

221. Sobre aquesta qüestió, vegeu la comunicació, de J. TORRES FONTES, *Jaime I y Alfonso X. Dos criterios de repoblación*, «VII Congrés d'Història de la Corona d'Aragó», II, Barcelona, 1962, pp. 329-340.
222. JAUME I, *Llibre dels Fets*, c. 498.

tat en què foren realitzades les donacions (sempre en nom del rei de Castella). Això provocà el descontent dels estaments socials més baixos, segons la particular opinió de Torres Fontes, motiu pel qual Alfons X no dubtà en abolir els privilegis que concedís el seu sogre. En canvi, el rei castellà era partidari d'un major repartiment de les propietats i terres conquerides, malgrat l'existència d'un senyoriu tan immens com el de l'infant Manuel, i les extenses concessions de terres als ordes militars. Tanmateix, això, no vol dir pas que els retrets de Jaume I no fossin infundats, car segons el *Llibre dels Fets*, la població murciana protestava precisament per l'abolició de les donacions de Jaume I, *«e que dixessen les gents que ells ni sos hòmens no la sabessen partir, que fort hi errava; e que ja negun temps no seria bona Múrcia»*; queixes que, naturalment, havien d'arribar a oïdes de Jaume I, molest per l'actitud de menyspreu del seu gendre envers les disposicions que ell havia establert a Múrcia. Nogensmenys, Torres Fontes pensa el contrari, i pren en consideració una carta escrita per duplicat —en llatí i àrab—, datada al dimecres 23 de juny de 1266, on el rei moro de la Reixaca, Abû ᶜAbd Al·lâh Muhammad ibn Hûd, renuncia als pactes dels murcianomusulmans amb el rei català.

Aquesta carta té totes les característiques d'ésser un jurament de vassallatge que complementa i en tot cas rectifica la rendició de la ciutat a Jaume I. Com hem vist en el capítol anterior, la primera ambaixada murciana proposava a Jaume I que fes d'intermediari entre la ciutat i Alfons X, assabentada que el comte-rei tenia la intenció de cedir Múrcia al seu gendre. No obstant això, Jaume I exigí que se li rendissin a ell. Així, legalment, el lliurament de la ciutat de Múrcia s'havia fet a Jaume I. Potser això no li agradà gens a Alfons X, car, un cop els catalans desempararen el reialme de Múrcia, exigí, de seguida, el reconeixement de la seva sobirania a l'aljama murciana. És més, una delegació castellana fou encarregada per Alfons X perquè els mudèjars murcians s'avinguessin a reconèixer per escrit la sobirania del rei castellà. Així, don Lope Sánchez, maestre de la cavalleria castellana del Temple, don Pedro Núñez, comanador major de l'orde d'Uclés a Castella i missatger del rei en l'afer, i don Alfonso García de Villamayor, *adelantado* del regne de Múrcia *et de toda la Frontera*, s'entrevistaren amb els caps de l'aljama murciana, on destaca la presència dels dos algutzirs: Abû Bakr Abuadah (ᶜAbd Waddâ'?) i Abû ᶜAmr ibn Gâlib. El document comença així: *«Conosçuda cosa sea a quantos esta carta vieren et oyeren como yo, alguacil Abubena Abuadah et yo, alguazil Abuambre Abengalip, e nos los veios de Murcia, contra el mucho alto et muy noble segnor el rey Don Alfonso»*, i segueix, *«soltamos et quitamos»* els acords que havien tingut amb el rei En Jaume, ja que *«esto fazemos nos, por que entendemos, que por esta razón ganaremos et cobraremos gracia et merced de nuestro senyor el rey Don Alfonso, por que el es tan mesurado et tan complido de todo bien, que nos complia el so bien, et la merce, et la su mesura et la su gracia».*[223] Els atorgants escriuen de pròpia mà i demanen alhora mercè al seu rei, el titella Abû ᶜAbd Al·lâh Muhammad ibn Hûd, que *«manda poner en esta carta su siello colgado»*.

Sobre això, cal tenir en compte que Jaume I negocià amb els notables o *xuyûkh* de l'aljama, de la qual l'algutzir Abû Bakr era un representant. Altrament, l'autoritat de l'hipotètic rei sarraí de Múrcia era merament simbòlica, totalment supeditada als dictats del rei castellà i, per tant, incapaç d'oposar-se al desig d'Alfons X de deixar sense efecte els pactes amb Jaume I. En aquest cas, una de les funcions de la missiva és reconèixer aquesta autoritat nominal, trencada quan el cop d'estat d'al-Wâthiq.

Altrament, una de les conseqüències de la reinstaurada autoritat castellana a Múrcia és el trasllat de la població mudèjar al «ghetto» de la Reixaca (juny del 1266), que Torres Fontes, ingènuament, pretén veure com un acte voluntari de la població sarraïna. És evident que l'opressió castellana obligaria els mu-

223. *Memorial histórico español. Colección de documentos, opúsculos y antigüedades que publica la Real Academia de la Historia*, I, Madrid, 1851, p. 231.

dèjars a tancar-se en recintes murats o a emigrar a Granada, tot abandonant les poques terres (les terres vagades o gilis) que els successius repartiments els havien concedit; sinó, Múrcia hauria continuat mantenint el seu caràcter andalusí, com el mantingué el veí regne de València fins a la definitiva expulsió dels moriscos el 1609.

Pretendre justificar amb la mesura d'Alfons X una actitud ultraopressiva de Jaume I envers les aljames és desconèixer la història del mudejarisme medieval, car mentre a Castella l'element musulmà tard o d'hora era obligat a assimilar-se, als estats de la Corona d'Aragó perdurarà fins al s. XVII, en gran part pel respecte que reberen per part de Jaume I; a València, tot i les dues rebel·lions d'al-Azraq, mantindran llurs lleis, costums i àdhuc la llengua àrab. Durant el segle XV una incipient burgesia mudèjar valenciana sostindrà la flama de la cultura àrab al País Valencià, i un valencià musulmà, Gâlib Ripoll, arribarà a ésser el favorit del soldà mameluc az-Zâhir Jakmak (1438-1453), la qual cosa afavorí el comerç català de Llevant. En canvi, a Múrcia, els mudèjars eren obligats a aïllar-se de la resta de la població, tot iniciant un procés que culminaria amb la seva ràpida extinció.

Però, malgrat la pluralitat d'opinions sobre la repoblació dels territoris conquerits, cal insistir en la conseqüència principal de tot plegat: a Múrcia, Jaume I hi establí una població catalana, que serà un dels factors determinants perquè, anys més tard, Jaume II es llancés a la conquesta del territori; aquesta vegada amb els castellans com a enemics, intentant, fins i tot, d'establir un regne de Múrcia amb furs propis dintre de la Corona d'Aragó. No ho aconseguirà, però, sí que annexionarà les terres septentrionals de l'antic reialme dels Banû Hûd als seus dominis: Alacant, Elx, Elda, Oriola, Guardamar, etc. seran el baluard meridional de la Corona d'Aragó, compartint els anys d'apogeu i glòria d'aquest estat baixmedieval.

Quant als territoris que definitivament es perdran per a la Corona d'Aragó, el català continuaria essent llengua habitual d'ús de la població murciana, fins a les acaballes del segle XIV. Durant els inicis del segle XV, àdhuc es conservarien alguns residus socials i geogràfics catalanoparlants, però ja en un procés accelerat d'extinció. Tanmateix, el poble seguiria entenent prou bé, durant tot el segle XV, la llengua dels seus predecessors. Durant el segle XVI, l'idioma s'oblidaria gairebé per complet, coincidint amb el moment de l'inici de la decadència cultural i política de la Corona d'Aragó. Però, el substrat català deixarà l'empremta en la parla castellana local;[224] el «panotxo», o dialecte murcià, està farcit de catalanismes, com semblantment la toponímia i l'antroponímia de l'actual regió de Múrcia. Prou il·lustrativa pot resultar aquesta petita llista de cognoms murcians actuals, els quals són catalans o aragonesos, o bé presenten una forma castellanitzada: Arnao (Arnau), Guirao (Guerau, Grau), Palao (Palau), Mateo (Mateu), Pujalte (Puig-alt), Rovira, Morante (Morant), Reche (Reig), Bernal (Bernat), Roche (Roig), Soler, Cantó, Tacón (Tacó), Casanova, Calatayud, Bienvingud (Benvingut), etc. En la toponímia, sobretot al camp de Cartagena, la quantitat de topònims d'origen català és impressionant: cabo Negrete (Negret), cabezo Roche (Roig), Tallante (Tallant), El Bolete (Bolet), Molinete (Molinet), Punta del Gate (Gat), Portman (Portmany, del llatí Portus-Magnus, com Carlemany), el Portús, loma del Garrofero (Garrofer), Calnegre (Cap Negre), Calblanque (Cap Blanc), los Esculls, el Pudrimel (Podrimer), Isla Grosa (Grossa), Llagostera, lo Bernal (Bernat), cabezo de Margall, i un llarg etcètera.[225]

224. Vegeu, sobre això, els treballs de J. GARCÍA SORIANO, *Vocabulario del dialecto murciano*, Madrid, 1932; i de G. GARCÍA MARTÍNEZ, *El habla de Cartagena*, Múrcia, 1960.

225. A. VENTURA CONEJERO, *Lluita de llengües al sud del País Valencià i Múrcia*, «Serra d'Or», agost del 1974, pp. 31-33.

ÍNDEX

ÍNDEX

COL·LECCIÓ BOFARULL

1. Ferran SOLDEVILA: *El Compromís de Casp.*
2. Alberto BOSCOLO: *La reina Sibil·la de Fortià.*
3. Josep-David GARRIDO i VALLS: *Jaume I i el regne de Múrcia.*
4. Josep M. TORRAS i RIBÉ: *La Guerra de Successió i els setges de Barcelona (1697-1714).*
5. Coral CUADRADA i MAJÓ: *La Mediterrània, cruïlla de mercaders (segles XIII-XV).*
6. Carme BATLLE, Teresa VINYOLES: *Mirada a la Barcelona medieval des de les finestres gòtiques.*
7. Carme BATLLE i GALLART: *Fires i mercats, factors de dinamisme econòmic i centres de sociabilitat (segles XI a XV).*
8. Josep M. TORRAS i RIBÉ: *Felip V contra Catalunya.*
9. Isidra MARANGES: *La cuina catalana medieval, un festí per als sentits.*
10. Jordi BUYREU JUAN: *Institucions i conflictes a la Catalunya moderna. Entre el greuge i la pragmàtica (1542-1564).*
11. Jaume DANTÍ (coord.), Eva SERRA, Valentí GUAL, Agustí ALCOBERRO, Jaume FONT: *Ciutats, viles i pobles a la xarxa urbana de la Catalunya moderna.*

